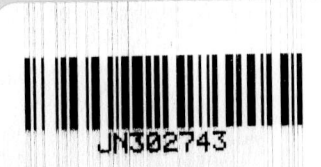

pot《ポット》ブックス

0·1·2歳児の かわいい製作

はる なつ あき ふゆ

くりのみクラブ／著

チャイルド本社

Contents

0･1･2歳児の製作を楽しもう！

0･1歳児の製作

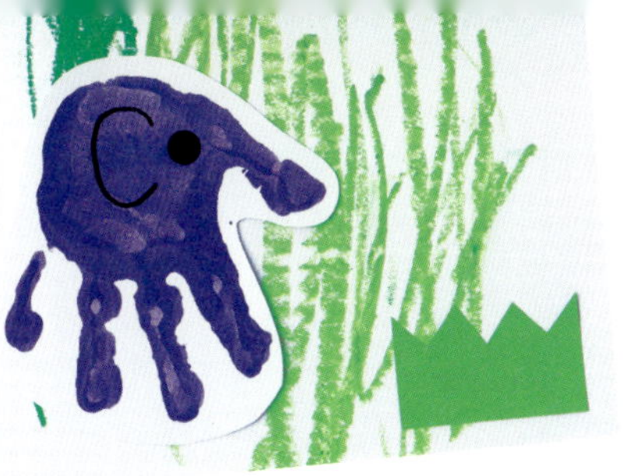

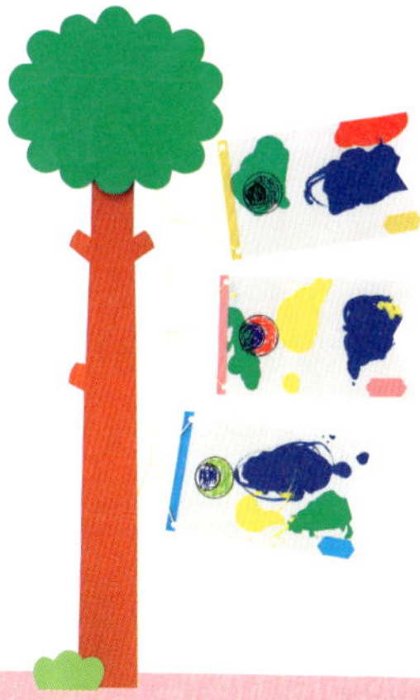

2歳児の製作

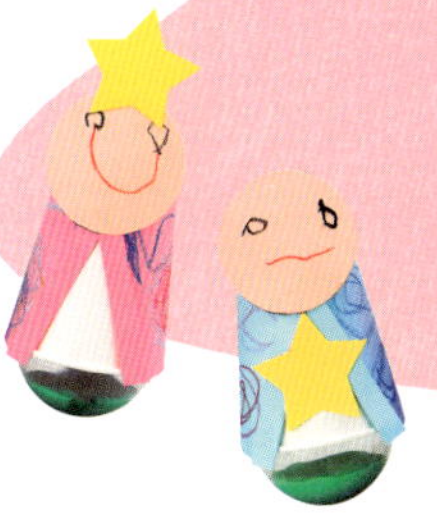

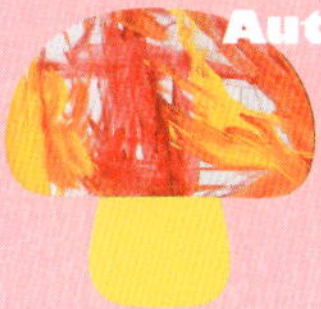

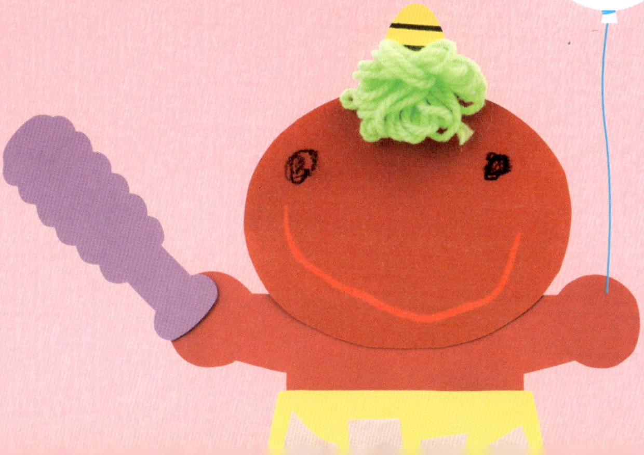

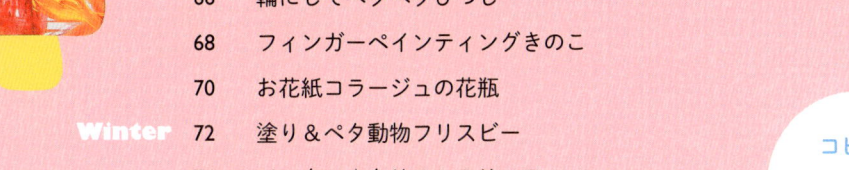

0・1・2 歳児の製作を楽しもう！

「0・1・2 歳児に製作は早いかも…？」
いえいえ、そんなことはありません。
子どもの発達や興味に合わせて
技法やテーマを選んだら、
製作はぐっと身近なものになります。
このコーナーでは、楽しく無理なく
取り組むポイントを紹介します。
なにもかもかわいいこの時期の思い出を
すてきな作品にして残したいですね。

月齢と技法の目安

0・1・2歳児はどんなことができるの？

0・1・2歳児は、個人差が大きい時期です。
それぞれの発達に合わせた製作を楽しみましょう。
また、普段から手先を使う遊びを取り入れることも
製作につながっていきます。

※ここでは目安の月齢を紹介しています。

0歳

～8か月頃

無理なくできることを製作に

【この時期から取り組める製作】

・手形、足形
・紙粘土やお花紙を握る

9か月～1歳頃

自分でやってみたいという気持ちが芽生えてくる頃

【子どもの様子】

・保育者がスプーンを持つ手に手を添えようとしたり、自分で手づかみで食べようとしたりする

【この時期から取り組める製作】

・クレヨンでなぐり描き
・たんぽ
・保育者がのりを塗った画用紙に折り紙などを貼る

1歳

1歳～1歳3か月頃

指先を使い始める頃

【子どもの様子】

・自分で靴や洋服を脱ごうとしたり、スプーンを使って食べようとしたりする
・ちぎる、破くなど指先を使うことができるようになってくる
・砂遊びや水遊びなどいろいろな感触を楽しみ始める
・保育者に「待っていてね」と言われると少しの間待てるようになる

【この時期から取り組める製作】

・クレヨンでぐるぐる描き
・新聞紙やお花紙などをちぎる、破く
・指スタンプ
・絵の具を付けた筆でなぐり描き
・保育者がはがして渡したシールを貼る
・短く切った太いストローにひもを通す

1歳3か月～1歳6か月頃

いろいろな手指の動きができるようになる頃

【子どもの様子】

・自分で絵本をめくろうとしたり、靴を履こうとしたり、洋服を着ようとしたりする
・つまむ、めくる、押す、引っ張るなど、より指先を使うことができるようになってくる
・保育者の声かけで、危険なことや、やってはいけないことに気がつき、やめようとする

【この時期から取り組める製作】

・空き容器にどんぐりなどをつまんで入れる
・スタンプを押す
・自分で画用紙などにのりを塗り、折り紙などを貼る

1歳6か月～2歳頃

手指の細かい動きができるようになる頃

【子どもの様子】

・ボタンはめに挑戦し始める
・丸シールなどを「これは目だよ」と教えると、横に並べて目の位置に貼る
・自分の物と友達の物の区別がつくようになり、自分の物の置き場所がわかってくる
・食べるまねや電車ごっこなど、簡単なごっこ遊びをするようになる

【この時期から取り組める製作】

・自分でシールをはがして貼る
・細長い紙を輪にして貼る

2歳

2歳～2歳6か月頃

色や形、大きさなどの違いに気がつき始める頃

【子どもの様子】

・積み木などを乗り物や食べ物に見立てて遊んだり、ままごとなどのごっこ遊びを楽しんだりするようになる

【この時期から取り組める製作】

・折り紙などにのりを塗り、画用紙に貼る
・染め紙
・フィンガーペインティング

2歳6か月～3歳頃

「友達と一緒に」がうれしい頃

【子どもの様子】

・「自分で！」と自己主張し、なんでも自分でやりたがる
・友達に関心を持ち、同じ物を持ったり、まねをしたり、同じ場所で遊んだりすることを喜ぶ
・目や口など、自分で顔を描くようになる

【この時期から取り組める製作】

・粘土を丸める、のばす、ちぎる
・はさみで一回切り
・ティッシュアート

3歳

3歳頃～

より複雑な製作に取り組めるようになる頃

【子どもの様子】

・簡単なルールのある遊びを楽しみ始める
・スプーンやフォークを正しく持とうとし、食器に手を添えてこぼさずに食べようとする

スムーズに進めるくふう

製作を楽しい時間にするには?

0・1・2歳児の製作をスムーズに進めるためには、少しくふうが必要です。
ここでは、子どもが思いっきり製作を楽しめるように、
保育者がしておきたいことを紹介します。

準備

汚れ防止用に新聞紙などを敷く

クレヨンや絵の具、のりなどを使って製作するときには、机に新聞紙などを敷き、テープで留めておきましょう。後片付けも手早くできます。ぬれ雑巾を用意するのもおすすめです。

周囲に物を置かない

子どもが製作に集中できるよう、製作に使用する物以外は置かないようにしましょう。

汚れても大丈夫な洋服で

子どもが思う存分製作できるよう、保護者に「汚れても大丈夫な洋服」を準備してもらいましょう。

援助

楽しくなる声かけを

「いっぱいできたね」「すごいね」「きれいだね」「上手だね」など、子どもが楽しくやる気になるような声をかけましょう。その経験の積み重ねで、いっそう製作が好きになり、次の製作への意欲にもつながっていきます。

配慮

選ぶ喜びを味わえるように

「自分でやりたい！」という気持ちが出てくるので、色画用紙や折り紙、絵の具などは、何色か用意しておきましょう。子どもが自分で「選ぶ」ことも、製作の大切なポイントです。

気分がのらないときは別の日にトライ

子どもの気分がのらないときは、無理せず別の日に挑戦するようにしましょう。

工程が多い製作は数日に分けて

「絵の具で塗ってから、色画用紙を貼る」など工程が多い製作は、子どもが飽きてしまうことも。一度に行わず、数日に分けるようにしましょう。

「もっとやりたい！」気持ちを大切に

製作に使う材料は多めに用意して、何回か楽しめるようにしましょう。

保育者の目が届く少人数体制で

せっかく製作に取り組んでも、保育者がバタバタしてしまったら、ただの作業になってしまうかも。0・1歳児ならマンツーマン、2歳児なら2～3人のグループでと、ゆとりをもって製作するようにしましょう。

初めに保育者がやって見せる

まず保育者が楽しそうに製作をして見せると、子どももなにをすればよいのかわかりやすく、また興味をもって取り組めます。

発達＆用途に合わせて

いろいろアレンジしてみよう

**この本で紹介する製作は、そのまま取り組むことはもちろん、
子どもたちの発達や、使用目的に合わせて
技法や形状をアレンジして楽しむのもおすすめです。**

無理なく取り組むなら…

技法をアレンジ！

「この製作をやりたいけれど、うちのクラスの子どもたちには少し難しいかな」「少し難しいことにチャレンジしてみたい」というときには、技法をアレンジしてみましょう。

P48
折り紙
ペタペタいちご

折り紙のかわりに…

クレヨンで塗る

塗り絵感覚で、ちょっとした空き時間にも手軽に楽しめます。

スポンジスタンプ

輪郭線の中に、スポンジスタンプを押して。

※作り方は、P16「スポンジスタンプこいのぼり」参照。

はじき絵

クレヨンで種を描いたあと、絵の具を塗って。

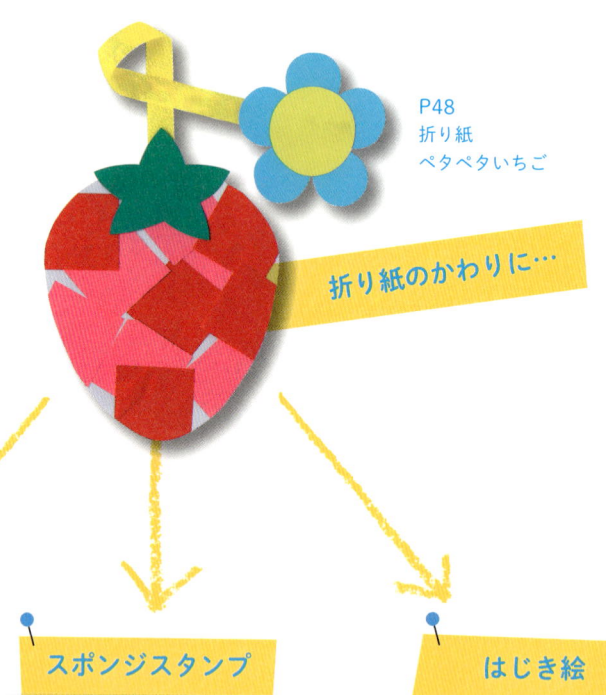

形状をアレンジ！

この本では、製作に合わせた飾りアレンジを紹介していますが、その他にもアイデア次第で行事にぴったりのグッズに変身させることができます。

平面の作品は…

P14 手形でチューリップ

メッセージカードに

平面を生かしてカード形の台紙に貼れば、誕生日やイベントの記念にぴったり。

モチーフがかわいい作品は…

P68 フィンガーペインティングきのこ

お遊戯会などのお面に

かわいいモチーフは、冠に貼ってお面に。個性が出るのでお遊戯会などに最適です。

シンプルフォルムの作品は…

P50 デカルコマニーこいのぼり

お出かけバッグに

形がシンプルなら、袋状に貼り合わせて、持ち手を付けてバッグに。お持ち帰り用にも。

0・1
歳児の製作

日に日にできることが増えていく時期。
手形・足形から、絵の具やのりまで、
いろいろチャレンジしてみましょう。

0・1歳児
Spring

新年度にぴったり！

手形でチューリップ

型紙
P80

手形を花に見立ててチューリップに。
取り組みやすく、かわいらしい作品です。

子どもの製作

春らしくて
キュート！

絵の具を塗るときは、無理せずやさしく手を開きます。手形は、チューリップの花に見立て、指をそろえて押すのがポイント。保育者が手を添え、指先から押すときれいにできます。

材料

画用紙、色画用紙

準備する物

スタンプ台（スポンジに絵の具を染み込ませる）、のり、はさみ、ピンキングばさみ、新聞紙（汚れ防止用）

子どもがすること

❶ 手形を押す

スタンプ台で子どもの手に絵の具を付け、画用紙に押します。

❷ 茎や葉を貼る

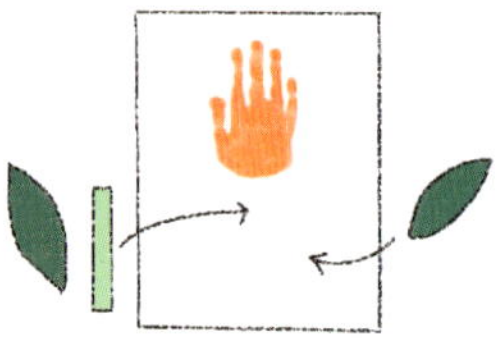

保育者が葉や茎にのりを塗っておき、子どもが置くようにして貼ります。

飾りアレンジ

カラフルなチューリップと
ちょうちょうで元気な印象に！

ちょうちょうは片側の羽だけを貼り、もう片側を折り上げると立体感が出ます。

保育者がすること

準備

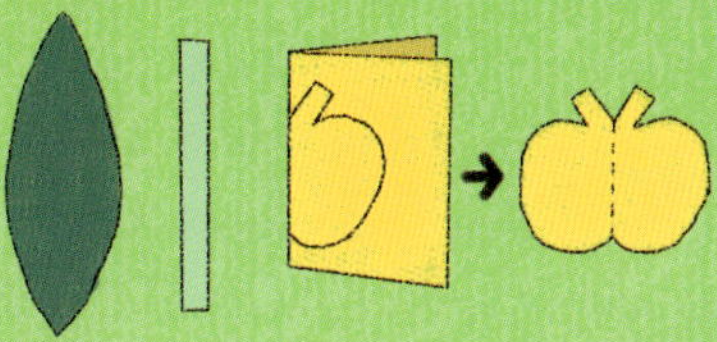

色画用紙で、葉、茎、ちょうちょうを作っておきます。

仕上げ

葉や茎ののりが乾いたら、画用紙の周りをピンキングばさみで切ります。ちょうちょうの片側の羽にのりを塗って貼ります。

0・1歳児
Spring

型紙
P80〜81

初めてのスタンプに挑戦！
スポンジスタンプこいのぼり

スポンジスタンプは持ち手にひとくふうして
低月齢児にも取り組みやすい形状に。

子どもの製作

スタンプの模様に
個性がキラリ☆

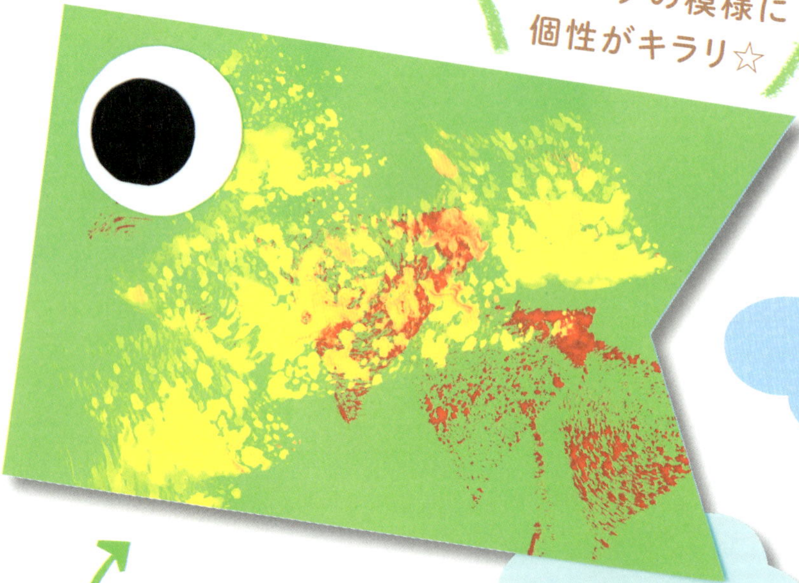

あらん

スタンプは、スポンジの面と平行になるように持ち手を付けると、「押して離す」動作が簡単になります。

材料

色画用紙、画用紙、スズランテープ

準備する物

スポンジスタンプ（スポンジとビニールテープ、割り箸で作る）、スタンプ台（スポンジに絵の具を染み込ませる）、のり、はさみ、新聞紙（汚れ防止用）

子どもがすること

1 スポンジスタンプを押す

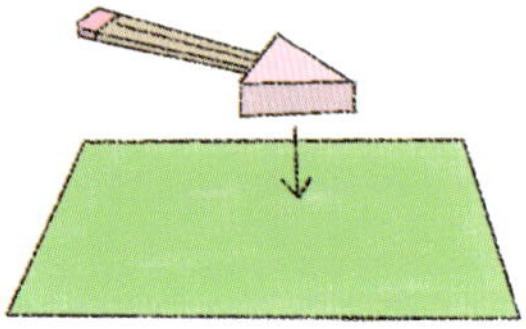

初めは保育者が手を添えて。慣れてきたら子どもが自由にスタンプを押します。

2 目玉を貼る

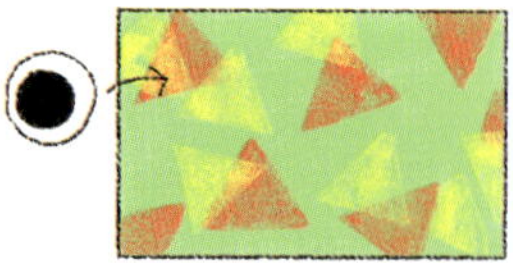

保育者が色画用紙と画用紙のパーツにのりを塗っておき、置くようにして貼ります。

飾りアレンジ

カーブをつけて貼ると動きが出て爽やか！

スズランテープにはあらかじめ両面テープを貼っておき、
タックを寄せながら壁に貼るとカーブがきれいにできます。

保育者がすること

準備

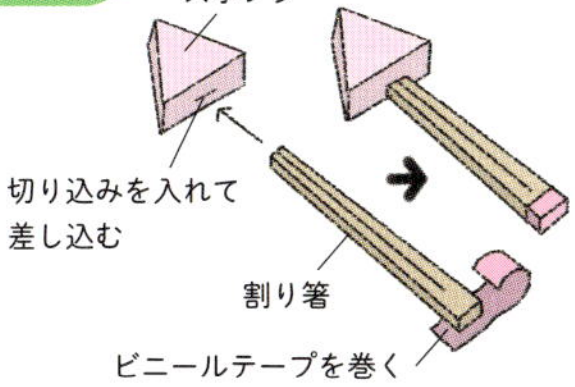

スポンジとビニールテープ、割り箸でスタンプを作ります。

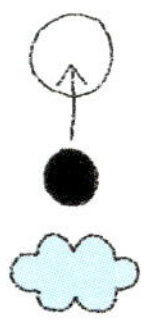

色画用紙や画用紙で目玉、雲を作っておきます。

仕上げ

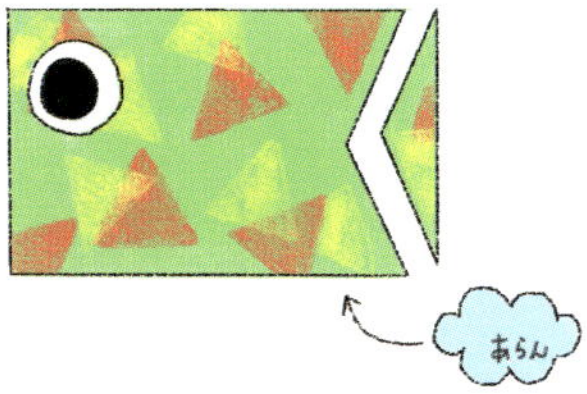

絵の具とのりが乾いたら、こいのぼりの形に切り、雲を貼ります。

0・1歳児
Spring

作って遊べるのが魅力！

手形のお散歩ひよこ

型紙
P81

手形をひよこに見立てて。ひもを引いて遊べる作品です。

子どもの製作

保育参観で作っても楽しい！

材料

色画用紙、画用紙、牛乳パック、新聞紙、綿ロープ、丸シール

準備する物

スタンプ台（スポンジに絵の具を染み込ませる）、のり、はさみ、千枚通し、新聞紙（汚れ防止用）

子どもがすること

手形を押す

スタンプ台で子どもの手に絵の具を付け、左右２枚ずつ色画用紙に押します。

飾り アレンジ

空や地面を加えて、庭でひよこが遊んでいる雰囲気に

壁と床の２面を使って飾ると庭らしくなります。作品は並べるだけなので遊ぶときも手軽。

保育者がすること

準備

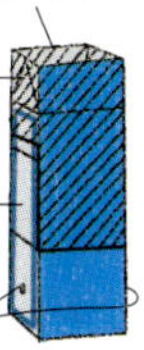

牛乳パックを立方体を作るように切り、千枚通しで２か所に穴を開けておきます。

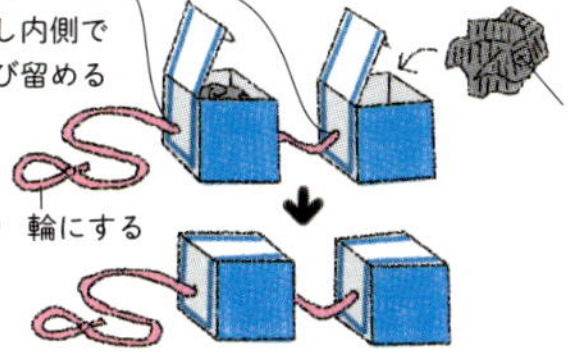

綿ロープを通して２個つなげ、新聞紙を詰めてふたを閉じます。

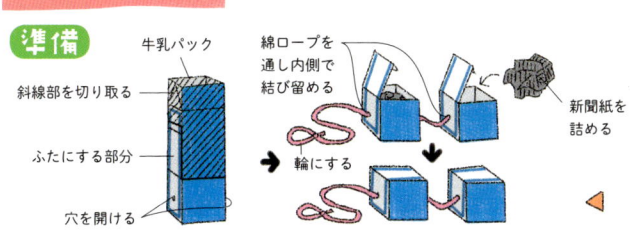

色画用紙でくちばしを作っておきます。

仕上げ

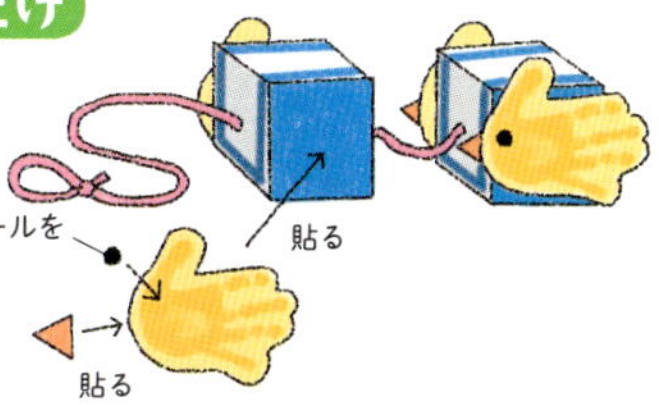

手形の絵の具が乾いたら、周りを切り取ります。牛乳パックの両面に手形を貼り、目（丸シール）とくちばしを貼ります。

0・1歳児
Spring

型紙
P81

異素材を組み合わせて

カラーセロハンのおひなさま

カラーセロハンを貼って着物の模様を作ります。
異素材の組み合わせは製作に慣れてきた頃に。

子どもの製作

色の重なりがきれい！

透明感のあるカラーセロハンに子どもは興味津々。好きな色を選んで自由に貼ります。

材料

カラーセロハン、色画用紙、千代紙、
カラー工作用紙、キラキラした折り紙

準備する物

のり、はさみ、空き箱、新聞紙（汚れ防止用）

子どもがすること

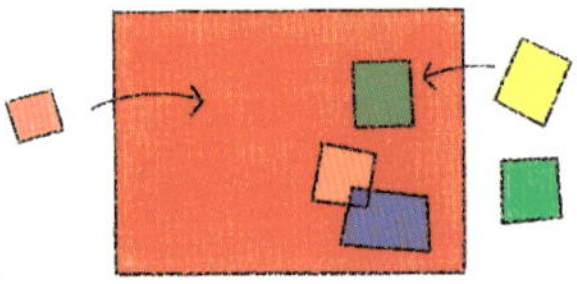

カラーセロハンを貼る

人さし指でカラーセロハンにのりを塗って、色画用紙に貼ります。
難しい場合は保育者が色画用紙にのりを塗っておきます。

飾り
アレンジ

ぼんぼりと桃の花をプラスして ひな祭りらしく

桃の花の形に切った色画用紙を周りに貼ると華やかさがアップします。

保育者がすること

準備

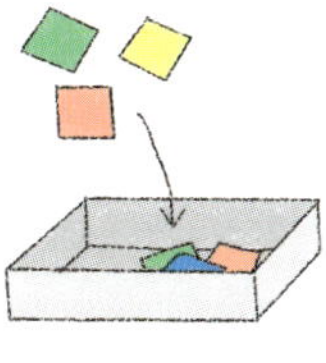

カラーセロハンを切って、空き箱に入れておきます。

色画用紙や折り紙で顔、えぼし、冠、しゃく、扇を作っておきます。

仕上げ

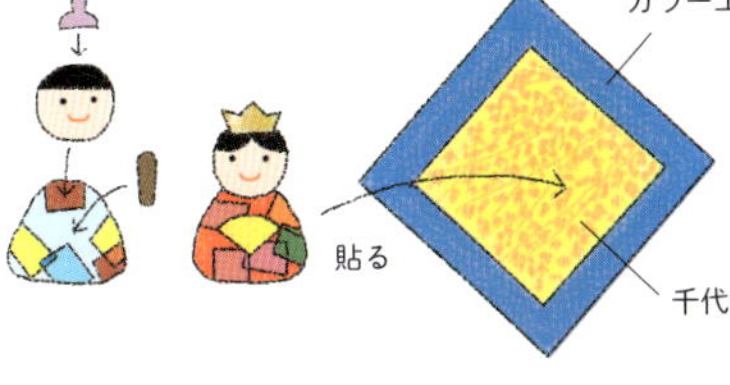

のりが乾いたら、着物の形に切り取り、顔、冠、扇などを貼ります。台紙は、カラー工作用紙に千代紙を貼ります。子どもの作品と色が重ならないように配慮しましょう。

子どもの
製作

さらさら触れ合う
音が心地よい

たくさん貼ったり、同じ場所に重ねたりと、シールの貼り方にも個性が。自分でシールをはがせない子どもには、保育者が指に付けて渡しましょう。

型紙
P82

0~1歳児
Summer

涼しげな素材で夏らしく

シールペタペタ七夕飾り

丸シールを星に見立てて、天の川をイメージした作品です。

材料

丸シール、スズランテープ、プラスチックカップ、障子紙、たこ糸、色画用紙、カラーポリ袋、輪ゴム、リボン

準備する物

水性ペン、鉛筆、水を入れる容器、セロハンテープ、のり、はさみ、千枚通し、新聞紙（汚れ防止用）

子どもがすること

1 丸シールを貼る

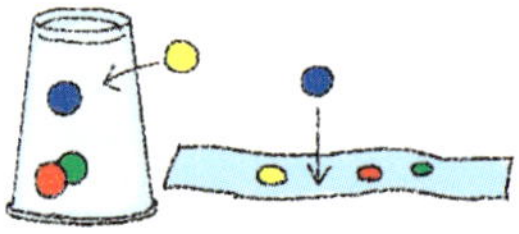

丸シールは好きな色を選び、スズランテープとプラスチックカップに貼ります。

2 水性ペンで描く

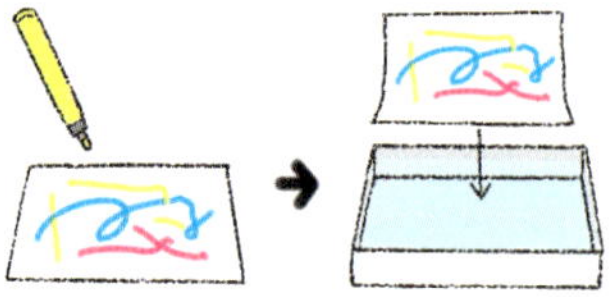

好きな色の水性ペンを選び、障子紙に自由に描きます。保育者と一緒に障子紙を水に浸してにじませます。

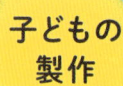

天井に飾って夜空を表現

カラーポリ袋を夜空に見立てて飾ると、一体感が出てすてきです。みんなで一緒にシール貼りを楽しみながら作っても。

飾り アレンジ

保育者がすること

準備

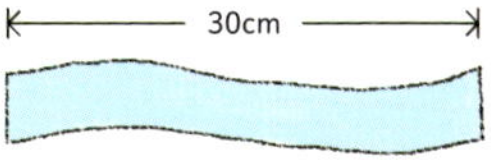

スズランテープを 30cm ほどの長さに切っておきます。破れやすいので多めに用意するとよいでしょう。

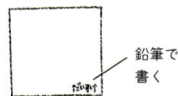

色画用紙で流れ星の尾を作っておきます。障子紙を切り、鉛筆で小さく子どもの名前を書いておきます。

仕上げ

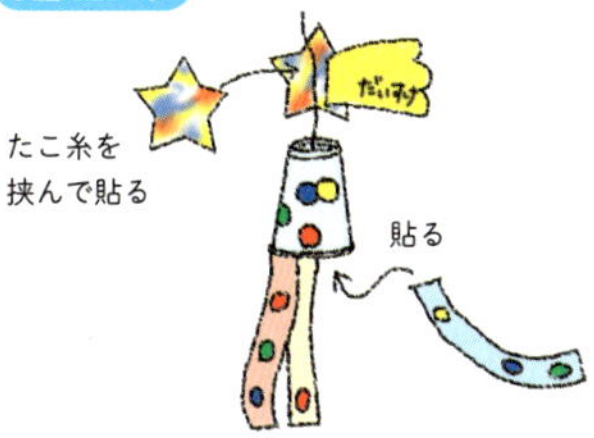

障子紙が乾いたら、星の形に 2 枚分切り取ります。プラスチックカップに千枚通しで穴を開け、たこ糸を通してカップの内側で結び留め、星を貼ります。最後にスズランテープを貼ります。

飾りアレンジの作り方

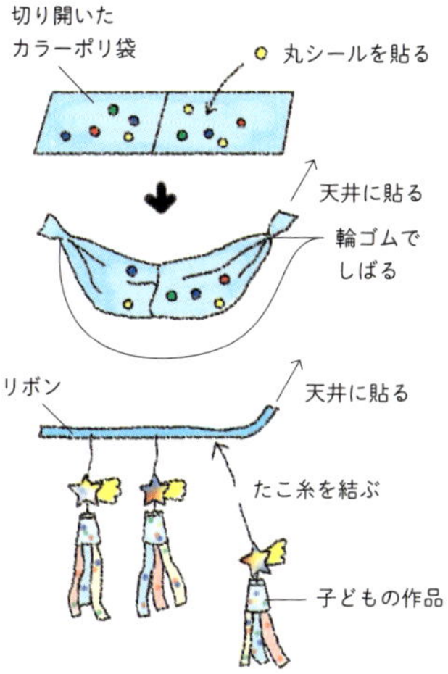

0・1 歳児
Summer

型紙 P82

カラフルな洋服がかわいい

貼り紙ドレスのお花の妖精

紙コップに折り紙を貼り、お花の妖精の洋服に見立てます。

子どもの製作

ニコニコ笑顔で
元気いっぱい

子どもが紙コップにのりを塗り、折り紙を貼ります。のりを嫌がる場合は、保育者が塗りましょう。

材料

折り紙、紙コップ、色画用紙、画用紙、カラー工作用紙、紙テープ、丸シール

準備する物

のり、はさみ、空き箱、ペン、ピンキングばさみ、新聞紙（汚れ防止用）

子どもがすること

紙コップに折り紙を貼る

紙コップにのりを塗り、折り紙を貼ります。

保育者がすること

準備

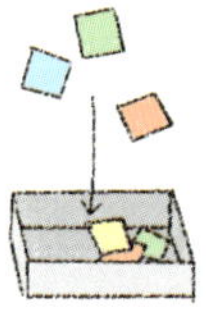

折り紙は小さく切って空き箱に入れておきます。

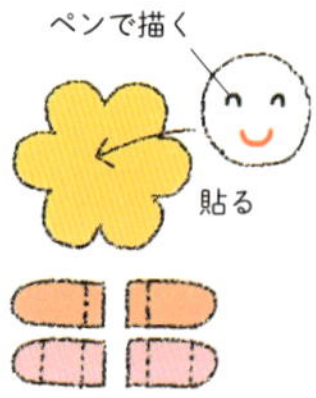

色画用紙や画用紙で顔、手、足を作っておきます。

花のステージで
ファッションショーふうに

飾りアレンジ

かおる
たくと
かりな
きい
みのる
りょう
こゆき

ステージの花びらは紙テープを利用して。立体感が出て、見た目も軽やかな仕上がりです。

飾りアレンジの作り方

仕上げ

のりが乾いたら、顔、手、足を貼ります。

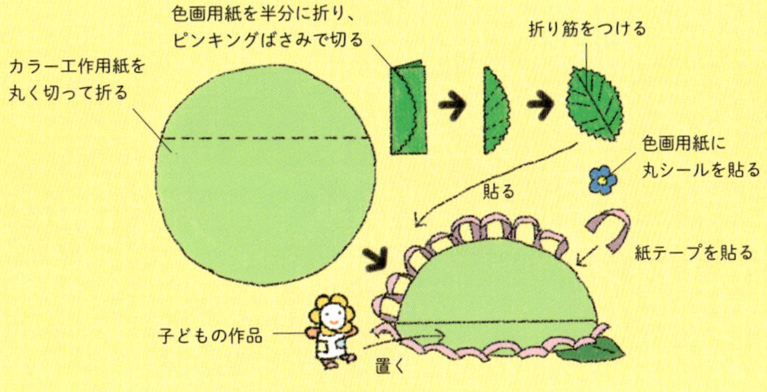
色画用紙を半分に折り、
ピンキングばさみで切る
折り筋をつける
カラー工作用紙を
丸く切って折る
色画用紙に
丸シールを貼る
貼る
紙テープを貼る
子どもの作品
置く

0・1歳児
Summer

型紙
P83

身近な素材でペッタン！

野菜スタンプでお魚さん

ピーマンやオクラ、れんこんなど切り口がおもしろい野菜でスタンプをして、魚の模様を作ります。

子どもの製作

野菜がおしゃれな模様に！

野菜によって硬さが変わるので、「ピーマンはそうっとペッタンしてね」など、力加減できるように声をかけるとよいでしょう。

材料

色画用紙、丸シール

準備する物

スタンプ台（スポンジに絵の具を染み込ませる）、野菜（ピーマン、オクラ、れんこんなど）、のり、はさみ、新聞紙（汚れ防止用）

子どもがすること

野菜スタンプを押す

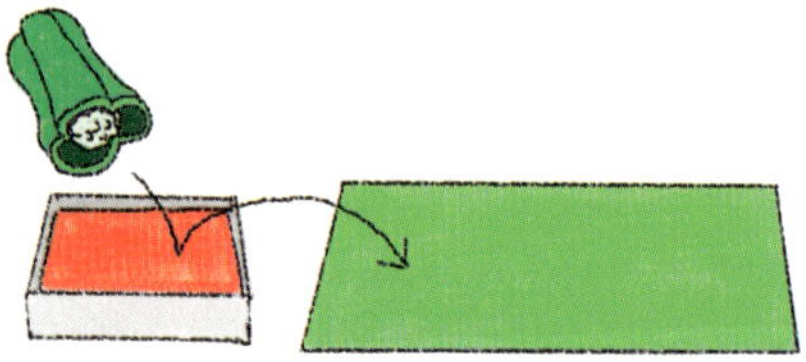

初めは保育者が手を添えて。慣れてきたら、自由に好きな野菜でスタンプを押します。

飾りアレンジ

カラフルな海草や貝を貼って、南の海の雰囲気に

海草や貝などは、スペースに合わせて、数や大きさを調整しましょう。

保育者がすること

準備

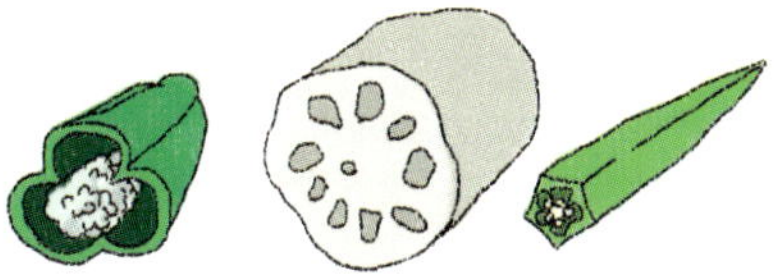

野菜は切り口がおもしろい物を数種類用意して、切っておきます。水分を拭き取っておくと、きれいに押せます。

仕上げ

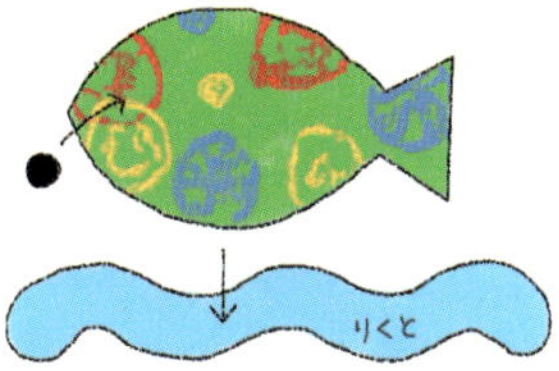

スタンプの絵の具が乾いたら、魚の形に切り取ります。目（丸シール）と波を貼ります。

0・1歳児
Summer

型紙
P83

ぎゅっと握った形も記念に！

にぎにぎ紙粘土のモビール

軽量紙粘土をぎゅっと握った形がキュート！
0・1歳児ならではの作品です。

子どもの製作

ゆらゆら揺れて
かわいい！

飾り
アレンジ

子どもの指跡が作る形は、愛嬌たっぷりです。

材料

カラー軽量紙粘土、ひも、クリップ、
カラー工作用紙、丸シール、色画用紙、スズランテープ、フック

準備する物

油性ペン、木工用接着剤、のり、はさみ、
穴開けパンチ、新聞紙（汚れ防止用）

海の中をイメージして夏らしく

スズランテープをねじって貼り、水の透明感や波の動きを表現します。
子どもの作品はフックなどにかけて。

子どもがすること

カラー軽量紙粘土を握る

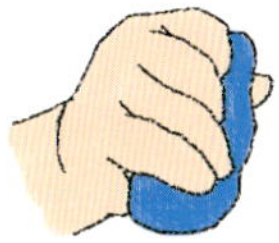

口に入れないように注意して、保育者と子どもが一対一で行いましょう。

保育者がすること

準備

カラー軽量紙粘土は子どもが握りやすい大きさに丸めておきます。

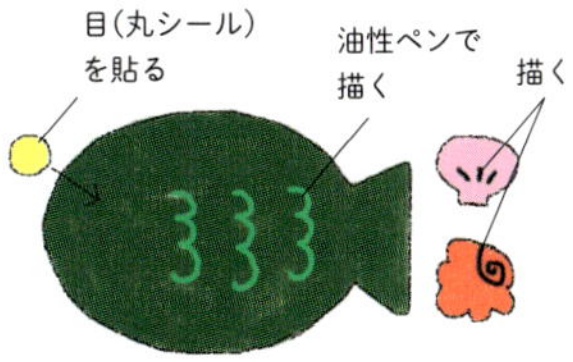

カラー工作用紙で魚を、色画用紙で貝を作っておきます。

仕上げ

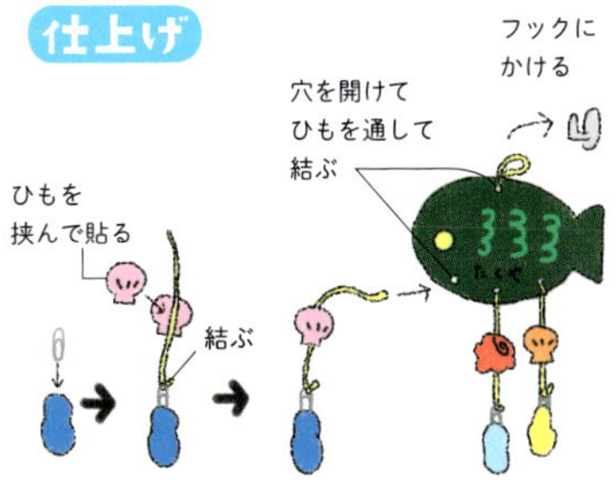

カラー軽量紙粘土が乾く前に、木工用接着剤を付けたクリップを差し込みます。乾いたら、ひもをクリップに通して結び、貝を貼ります。魚にひもの端を結びます。

0・1 歳児
Autumn

自然物を使って
落ち葉でアニマル

型紙 P84

散歩などで拾った落ち葉を色画用紙に貼って動物を作ります。

子どもの製作

落ち葉が
動物に変身！

初めは落ち葉を並べて、どんな動物に変身するのかな、などと保育者と一緒に遊びます。ひととおり遊んだあと、色画用紙に落ち葉や目を貼り、口を描きます。

材料

落ち葉、色画用紙、丸シール、画用紙

準備する物

木工用接着剤、クレヨン、はさみ、セロハンテープ、新聞紙（汚れ防止用）

子どもがすること

1 落ち葉を貼る

顔用の色画用紙に落ち葉を貼ります。うまく貼れない場合は、保育者がサポートします。

2 目を貼り、口を描く

目（丸シール）を貼り、クレヨンで口を描きます。

飾り
アレンジ

子どもたちに人気の列車で秋のお出かけふうに

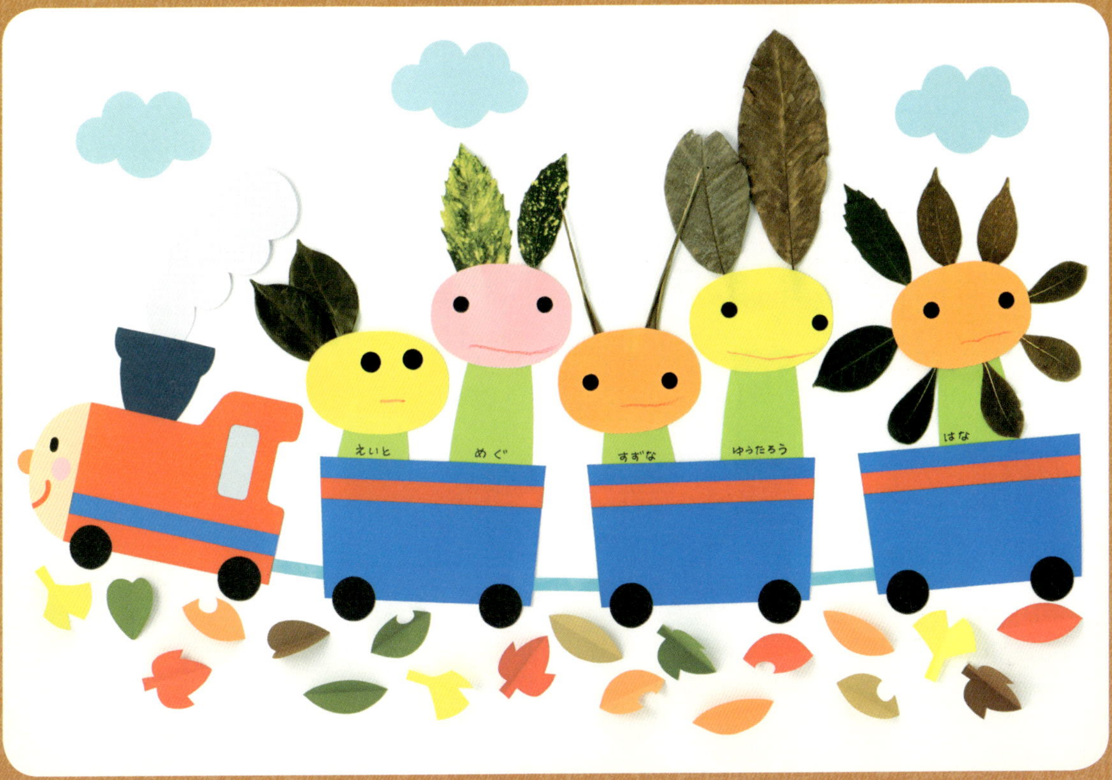

作品の数に合わせて、車両の数を増やしても。色画用紙の落ち葉で秋らしさをアップ。

保育者がすること

準備

色画用紙で顔、体を作っておきます。

仕上げ

落ち葉が破れていたり、はがれていたりする部分を裏からセロハンテープで補強し、体に貼ります。

0・1歳児
Autumn

旬の時期に取り組みたい！

たんぽでポンポンぶどう

ポンポンとたんぽを押して、ぶどうの粒に見立てます。

型紙
P84

子どもの製作

つややかで
おいしそう♪

たんぽの持ち手は短めにし、端はテープなどで保護しましょう。
絵の具の色別にたんぽを用意しておくと色が混ざらずきれいです。

材料

色画用紙、キラキラした折り紙

準備する物

スタンプ台（スポンジに絵の具を染み込ませる）、たんぽ（ガーゼ、綿、割り箸、ビニールテープ、輪ゴムで作る）、のり、はさみ、新聞紙（汚れ防止用）

子どもがすること

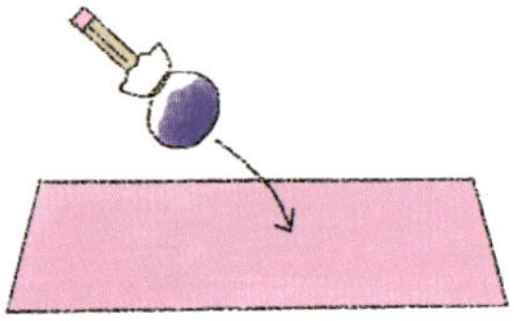

たんぽを押す

初めは保育者が手を添えて。慣れてきたら、子どもが自由にたんぽを押します。

かごと動物たちをプラスして キュートな雰囲気に

飾りアレンジ

作品の間にキラキラした折り紙の光を貼り、ぶどうのみずみずしさを表現します。

保育者がすること

準備

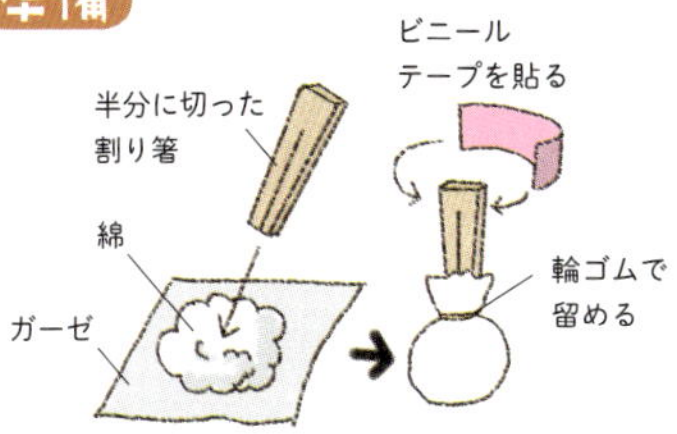

ガーゼで綿を包み、割り箸の持ち手を付けてたんぽを作っておきます。

色画用紙で葉を作っておきます。

仕上げ

たんぽの絵の具が乾いたら、三角形に切り取り、葉を貼ります。

0・1歳児
Autumn

散歩で拾ったどんぐりで
どんぐりマラカス

型紙 P85

どんぐりを乳酸菌飲料の空き容器に入れて作ります。
作ったあとは楽しく遊べる作品です。

子どもの製作

振ると音がしておもしろい！

マラカス形に仕上げた作品に、シールや丸シールをペタリ。横に倒すと貼りやすくなります。

材料

どんぐり、乳酸菌飲料の空き容器、ビニールテープ、シール、丸シール、色画用紙、スチレンボードまたは段ボール板、ゴム

準備する物

空き箱、千枚通し

子どもがすること

❶ どんぐりを入れる

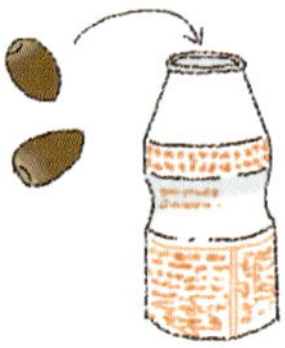

乳酸菌飲料の空き容器にどんぐりを入れます。

❷ シールを貼る

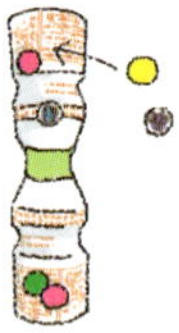

保育者がマラカス形に仕上げた作品に、シールや丸シールを貼ります。

飾り
アレンジ

ゴムに挟むように飾れば
取り外しも簡単！

飾るときはスチレンボードや段ボール板を活用して。動物や音符を貼ったら穴を開け、ゴムを通して裏側で結び、作品を挟みます。

保育者がすること

準備

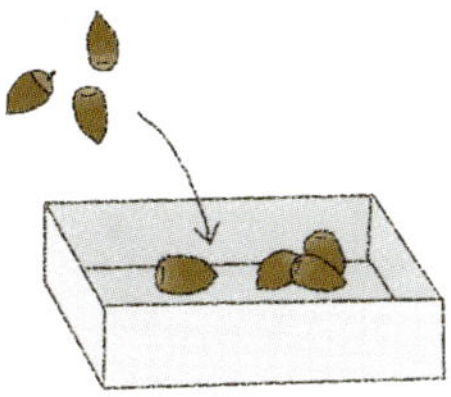

子どもたちと拾ったどんぐりから、きれいな物を選んで空き箱に入れておきます。

仕上げ

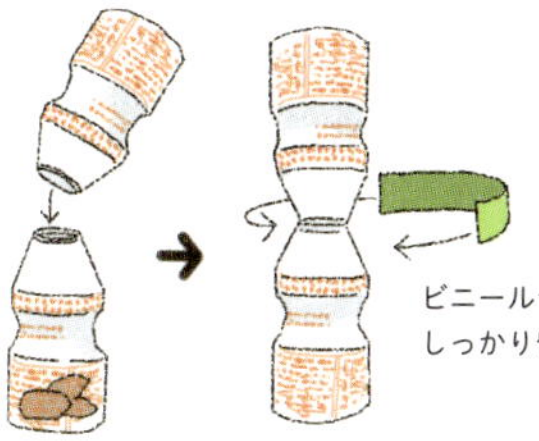
ビニールテープで
しっかり留める

子どもがどんぐりを入れたら、もう1個乳酸菌飲料の空き容器をつなげてビニールテープで留め、マラカス形にします。

子どもの製作

カラフルな
みのが
暖かそう♪

短く切った毛糸を広げ、
新聞紙を詰めた傘袋を
コロコロ転がすように
して、毛糸を貼ります。

型紙
P85

0~1歳児
Autumn

毛糸の貼り方にアイデアが！

毛糸でふかふかみのむし

新聞紙を詰めた傘袋に、短く切った毛糸を貼って作ります。

材料

傘袋、新聞紙、毛糸、発泡球、丸シール、段ボール板、色画用紙、片段ボール、ひも、フック

準備する物

両面テープ、アクリル絵の具など、セロハンテープ、のり、はさみ、ピンキングばさみ、布クラフトテープ、新聞紙（汚れ防止用）

子どもがすること

❶ 傘袋に新聞紙を詰める

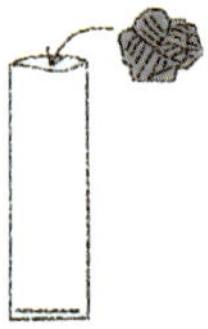

傘袋に新聞紙を詰めて、保育者がセロハンテープで留めます。

❷ 毛糸を付ける

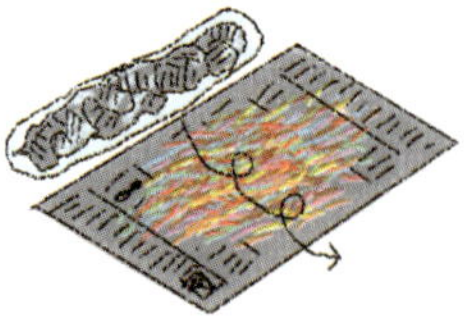

保育者が両面テープを貼った傘袋を、子どもが転がして毛糸を付けます。

飾りアレンジ

つるして飾ると、みのむしらしい雰囲気に

みのむしは落ちないよう、布クラフトテープなどでしっかり貼りましょう。

保育者がすること

準備

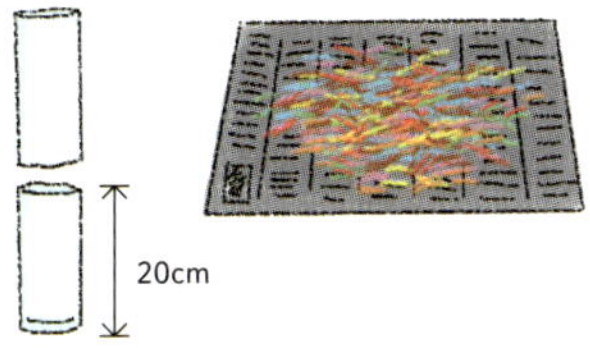

20cm

人数分の傘袋を20㎝くらいに切っておきます。

毛糸は短く切り、新聞紙の上にたっぷり広げます。

仕上げ

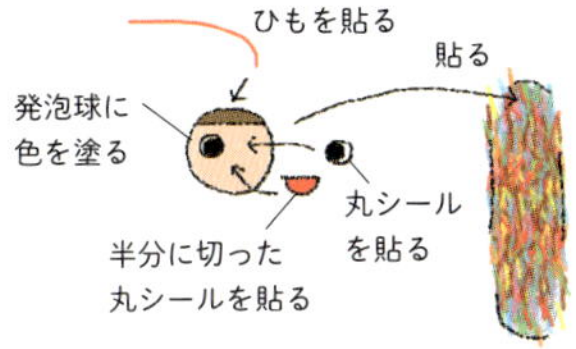

ひもを貼る
貼る
発泡球に
色を塗る
丸シール
を貼る
半分に切った
丸シールを貼る

発泡球にアクリル絵の具などで色を塗り、目と口（丸シール）を付けて、体に貼ります。

飾りアレンジの作り方

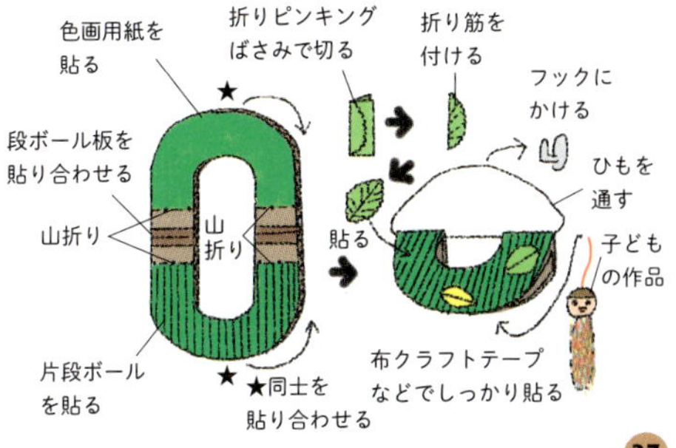

色画用紙を
貼る
色画用紙を半分に
折りピンキング
ばさみで切る
折り筋を
付ける
フックに
かける
段ボール板を
貼り合わせる
山折り
山
折り
貼る
ひもを
通す
子ども
の作品
片段ボール
を貼る
★同士を
貼り合わせる
布クラフトテープ
などでしっかり貼る

0·1歳児
Winter

クリスマスシーズンに！

足形のトナカイ

型紙 P86

足形をトナカイの角に見立てた作品。両足をそろえて貼るので成長の記録としても喜ばれます。

小さな足形がかわいい！

子どもの製作

足に絵の具をむらなく付けるのが、くっきり押すポイント。

材料

画用紙、色画用紙、キラキラした折り紙、綿ロープ

準備する物

スタンプ台（スポンジに絵の具を染み込ませる）、のり、はさみ、新聞紙（汚れ防止用）

子どもがすること

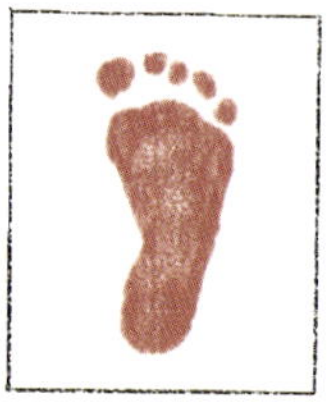

足形を押す

保育者が支えながら、スタンプ台で子どもの足に絵の具を付けます。画用紙の上に足を載せて、軽く押さえるようにして足形を押します。

飾り
アレンジ

そりに乗ったサンタクロースを貼って楽しそうに♪

星を貼ると夜空の雰囲気が出て、クリスマスらしさがアップします。

保育者がすること

準備

色画用紙で、顔、体、ベルを作っておきます。

仕上げ

足形の絵の具が乾いたら、周りを切り取り、色画用紙のトナカイの上に貼ります。

0・1歳児
Winter

冬の風物詩を個性的に

毛糸ペタペタ飾りだこ

型紙
P86

色画用紙に短く切った毛糸を貼って作ります。
尾を付けて飾りだこに。

子どもの製作

カラフルな
毛糸を貼ると
華やか

毛糸を一本一本丁寧に貼ったり、一度に載せるように貼ったり、友達のまねをしてみたりと製作にも個性が表れます。

材料

毛糸、色画用紙、千代紙、たこ糸

準備する物

空き箱、木工用接着剤、のり、はさみ、
新聞紙（汚れ防止用）

子どもがすること

毛糸を貼る

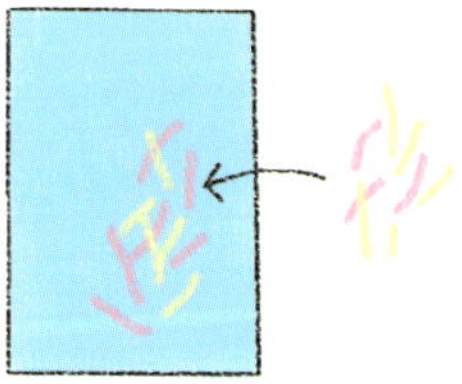

木工用接着剤を塗った色画用紙に、自由に毛糸を貼ります。

連だこに見立てて並べると、一体感が出てすてき

たこの尾は少しねじって貼ると、風になびく臨場感が出ます。

保育者がすること

準備

毛糸は短く切り、空き箱に入れておきます。千代紙で尾を、色画用紙で花を作っておきます。

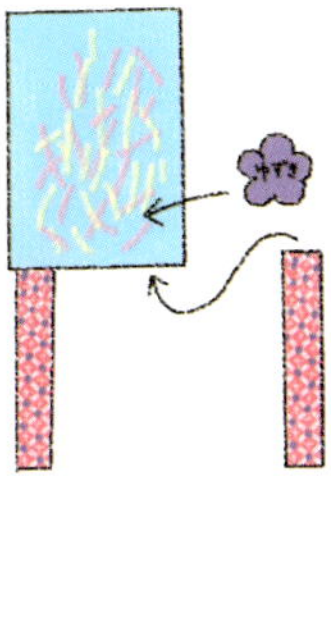

仕上げ

毛糸がはがれている場合は、貼り直しておきます。木工用接着剤が乾いたら、尾と花を貼ります。

0・1歳児
Winter

型紙
P87

小さな指が雪にぴったり！

指スタンプでポンポン雪

白い絵の具を指に付けてポンポンと押し、雪に見立てます。

子どもの製作

かわいい雪の夜

飾りアレンジ

白い絵の具が映えるように
台紙は濃い色を選びましょう。

材料

色画用紙、画用紙、キラキラした折り紙、折り紙

準備する物

スタンプ台（スポンジに絵の具を染み込ませる）、のり、はさみ、ペン、新聞紙（汚れ防止用）

雪の結晶をプラスして華やかな印象に

雪の結晶は折り紙やキラキラした折り紙を切り紙にします。

子どもがすること

指スタンプを押す

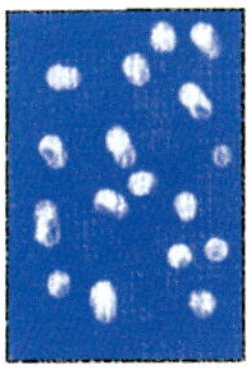

初めは、保育者が手を添えて。子どもが慣れてきたら、自由に指スタンプを押します。

保育者がすること

準備

画用紙で雪だるま、色画用紙で帽子を作っておきます。

仕上げ

指スタンプの絵の具が乾いたら、雪だるまを貼ります。

0・1歳児
Winter

型紙
P87

好きな色で自由に描いて
クレヨン描きで帽子&手袋

色画用紙にクレヨンで描いて、帽子と手袋に。
色や模様に個性が表れます。

子どもの
製作

あったか帽子と
手袋でルンルン♪

トントン、ザーザーなどと、保育者が声をかけながら一緒に描いてみても。

材料

色画用紙

準備する物

クレヨン、のり、はさみ、新聞紙（汚れ防止用）

子どもがすること

クレヨンで描く

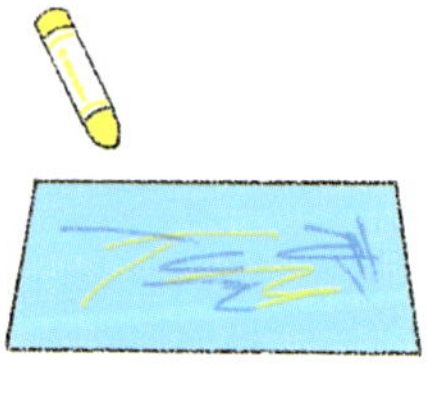

色画用紙にクレヨンで自由に描きます。

飾りアレンジ

角度をつけて貼ると
動きが出て元気なイメージに！

風や落ち葉をプラスすると、外遊びの雰囲気が出ます。

保育者がすること

準備

クレヨン描き用の色画用紙やクレヨンは、子どもが選べるよう、何色か用意しておきます。色画用紙で顔、ポンポン、体などを作っておきます。

仕上げ

帽子と手袋の形に切り取り、顔や体を貼ります。ポンポンと体の色をそろえると、まとまりが出ます。

2
歳児の製作

絵の具やのり、はさみ、軽量紙粘土など、
さまざまな技法にチャレンジできる
２歳児ならではの製作アイデアを紹介します！

2 歳児
Spring

甘くてかわいい人気の果物！

折り紙ペタペタいちご

型紙 P88

いちごの輪郭線の内側にのりを塗り、
小さく切った折り紙を貼って作ります。

子どもの製作

赤くて
おいしそう♪

折り紙は、数色使うと華やかになり個性も際立ちます。

材料

折り紙、画用紙、色画用紙、リボン

準備する物

のり、はさみ、空き箱、新聞紙（汚れ防止用）

子どもがすること

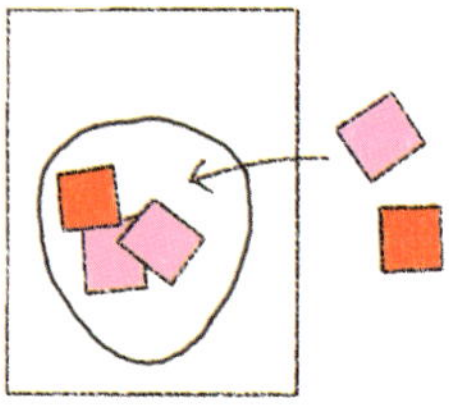

折り紙を貼る

いちごの輪郭線より内側にのりを塗り、小さく切った折り紙を置くようにして貼ります。

飾りアレンジ

手押し車に載せて かわいらしく

花のリボンは、ねじりながら貼ると、動きが出てすてきです。

保育者がすること

準備

画用紙にいちごの実の輪郭をコピーしておきます。色画用紙で、へたと花を作っておきます。

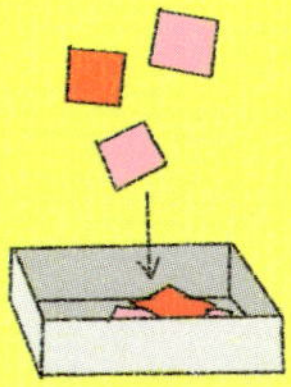

折り紙を切って、空き箱に入れておきます。

仕上げ

のりが乾いたら、いちごの形に切り取り、へた、リボン、花を貼ります。

2 歳児
Spring

子どもの製作

型紙
P88

開く瞬間が楽しい！

デカルコマニーこいのぼり

画用紙に絵の具を置いて、半分に折り、こすってから開きます。
対称の模様を生かした筒状のこいのぼりに。

鮮やかな色がかっこいい！

画用紙に絵の具をスプーンで置きます。
どんな模様が現れるかワクワク。
開くときには、そっと丁寧に扱うように声をかけましょう。

材料

画用紙、色画用紙、ビニールテープ、ひも、折り紙

準備する物

絵の具、スプーン、油性ペン、水性ペン、のり、穴開けパンチ、新聞紙（汚れ防止用）

子どもがすること

❶ 画用紙に絵の具を置く

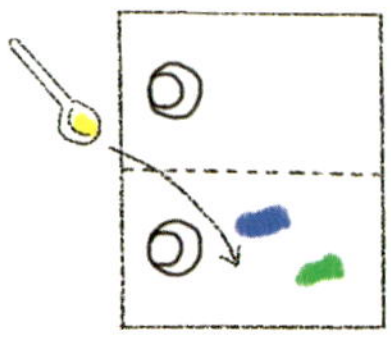

折り筋で分かれた画用紙の半分の面に、スプーンで絵の具を置きます。

❷ 画用紙をこすってから開く

折り筋に合わせて画用紙を半分に折り、こすってから、そっと開きます。絵の具が乾いたら、目玉を水性ペンで塗ります。

飾り
アレンジ

個性の競演がおもしろい！

穴を開け、ひもを通すとこいのぼりらしさがアップします。
木の数や高さは、スペースや作品の数に合わせて調整しましょう。

保育者がすること

準備

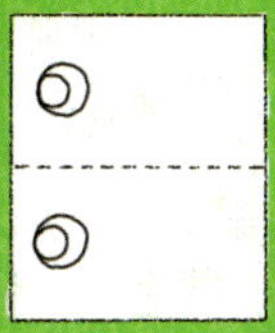

画用紙にこいのぼりの目玉を油性ペンで描くかコピーをし、半分に折って開き、折り筋を付けておきます。

仕上げ

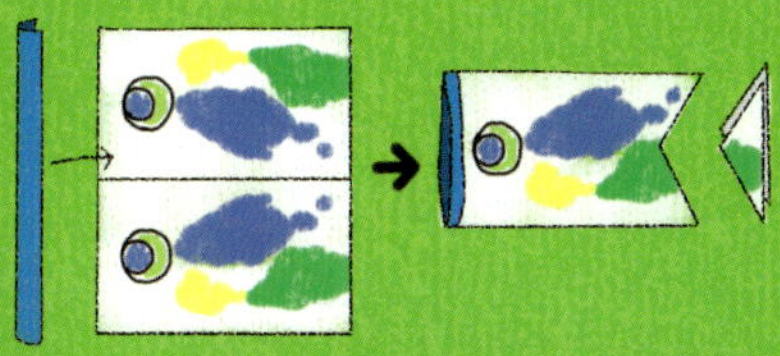

口側の端にビニールテープを貼ります。絵の具の面を表にして半分に折り、筒状になるように貼り、尾を切り取ります。

2 歳児
Spring

型紙 P89

繊細な素材にチャレンジ

ティッシュアートのおひなさま

水性ペンでティッシュペーパーに模様を描いて、おひなさまの着物に。

にじんだ模様がポイント

子どもの製作

強くたたくとティッシュペーパーが破れてしまうので、やさしくトントンと描くように声をかけて。初めに保育者がやって見せるとよいでしょう。

材料

ティッシュペーパー、色画用紙、キラキラした折り紙、紙テープ、カラー工作用紙

準備する物

水性ペン、クレヨン、のり、はさみ、新聞紙（汚れ防止用）

子どもがすること

1 ティッシュペーパーに模様を描く

ティッシュペーパーを4つ折りにして、水性ペンで描きます。描いたら保育者が開いて見せます。

2 顔を描く

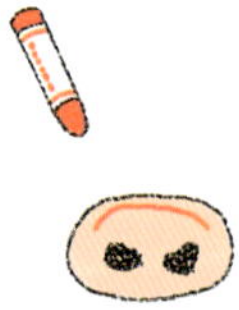

色画用紙にクレヨンで顔を描きます。

キラキラした折り紙や花を貼って華やかに

飾りアレンジ

花飾りの紙テープは大きめにねじって貼ると、立体感が出て全体にめりはりがつきます。

保育者がすること

準備

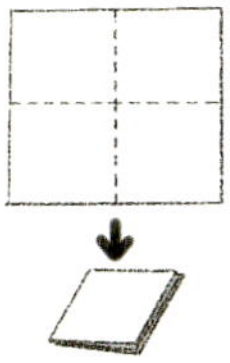

ティッシュペーパーを４つ折りにしておきます。

色画用紙やキラキラした折り紙で顔、冠、扇、えぼし、しゃく、花を、カラー工作用紙で作品を貼るびょうぶを作っておきます。

仕上げ

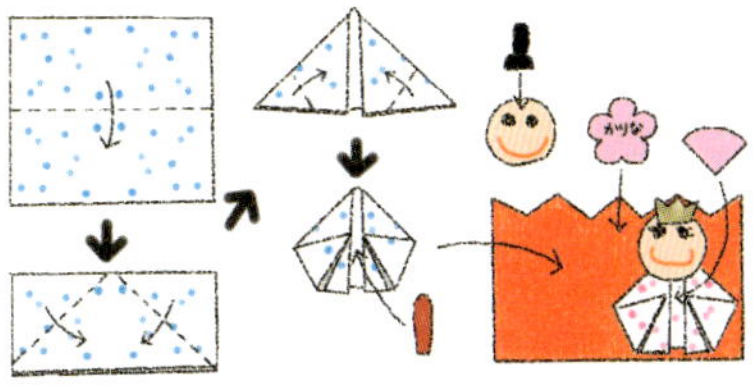

ティッシュペーパーを着物の形に折り、びょうぶに貼ります。顔や冠、扇などを貼ります。

2 歳児
Spring

3つの技法にチャレンジ!

折り紙で春の花束

型紙
P89

3枚の細長い折り紙を交差するように貼り、
中心に丸シールを貼って花を作ります。

子どもの
製作

卒園児への
プレゼントにも!

細く切った折り紙を中心で交差させるようにして3枚貼ります。初めに保育者が、2枚の折り紙を重ね、その上にもう1枚重ねて貼り、花の形を作って見せるとよいでしょう。

材料

色画用紙、画用紙、折り紙、丸シール

準備する物

絵の具、筆、のり、はさみ、空き箱、ペン、
新聞紙(汚れ防止用)

子どもがすること

❶ 絵の具を塗る

色画用紙に緑色の絵の具を塗ります。

❷ 折り紙と丸シールを貼る

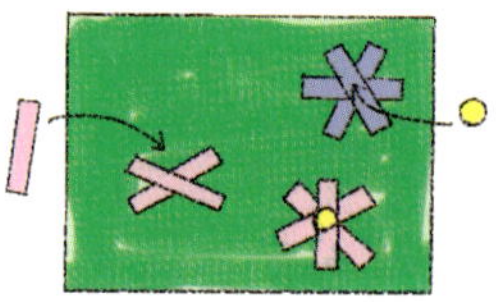

細く切った折り紙を交差させるように3枚貼り、中心に丸シールを貼ります。

飾り
アレンジ

かわいい春の お花やさんをイメージ

あえて動物や家を小さめにし、作品を引き立てます。

保育者がすること

準備

折り紙を細く切るかちぎり、空き箱に入れておきます。画用紙や色画用紙で、花束の持ち手、リボンを作っておきます。

仕上げ

のりが乾いたら、花束の形に切り、花束の持ち手とリボンを貼ります。

2 歳児
Summer

型紙
P90

雨の日も楽しくなる

ちぎり貼りのかたつむり

丸く切った台紙に、折り紙をちぎって貼り、
かたつむりの殻を作ります。

子どもの
製作

カラフルな殻が
おしゃれ♪

いろいろな色や形の折り紙で子どもの気持ちも盛り上がります。

材料

折り紙、色画用紙、丸シール

準備する物

のり、はさみ、ペン、ピンキングばさみ、
空き箱、セロハンテープ、
新聞紙（汚れ防止用）

子どもがすること

1 折り紙をちぎる

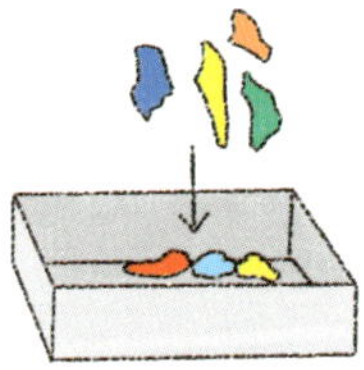

折り紙をちぎって、空き箱などに入れます。

2 折り紙を貼る

色画用紙にのりを塗り、ちぎった折り紙を貼ります。

飾り
アレンジ

立体的な雨粒が
作品を引き立てます

雨粒は、同じ形を２枚作って重ね、上の１枚を半分に折ってセロハンテープで留めて作ります。

保育者がすること

準備

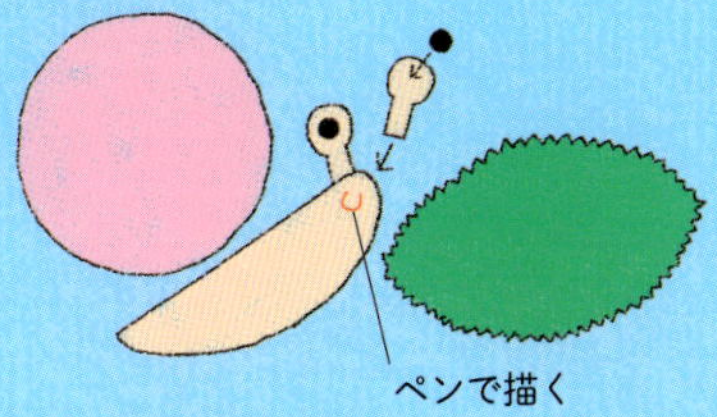

色画用紙で、かたつむりの殻、体、目、葉を作っておきます。

仕上げ

のりが乾いたら、体、葉を貼ります。

2 歳児

Summer

型紙
P90

作って遊べる♪

クレヨン着物の織姫&彦星

着物の模様と顔をクレヨンで描きます。
紙コップとカプセル容器で起き上がりこぼしに。

子どもの
製作

ゆらゆら揺れて
おもしろい!

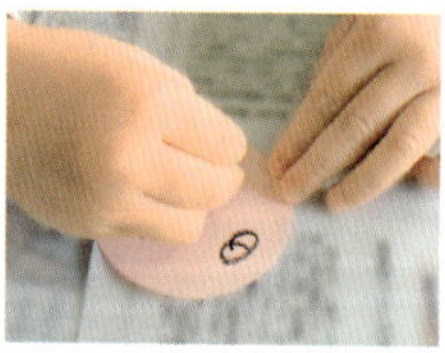

自分で顔を描くことができる子も。目や口のバランスに個性が出ます。顔を描くことがまだ難しい場合は、保育者が声をかけてサポートしましょう。

材料

色画用紙、カプセル容器、油粘土、
紙コップ(カプセル容器の直径に合うサイズ)、
空き箱、スズランテープ

準備する物

クレヨン、のり、はさみ、セロハンテープ、
新聞紙（汚れ防止用）

子どもがすること

クレヨンで描く

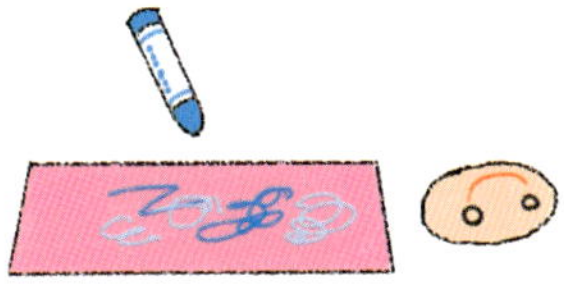

着物や顔用の色画用紙にクレヨンで描きます。

保育者がすること

準備

色画用紙で、着物、顔、星を作っておきます。

仕上げ

着物の両端を
少し折る
まどか

カプセル容器に油粘土を入れて、おもしにします。紙コップにカプセル容器を入れ、着物、顔、星を貼ります。

たくさんの星で満天の星空を表現

飾りアレンジ

スズランテープを裂いて星雲を作るとポイントになります。
また、作品が多少揺れてもよいように、台には広めの箱を使いましょう。

飾りアレンジの作り方

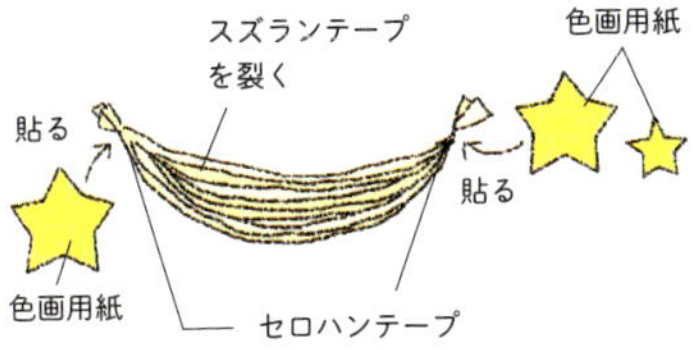
スズランテープ
を裂く
色画用紙
貼る
色画用紙
貼る
セロハンテープ
で留める

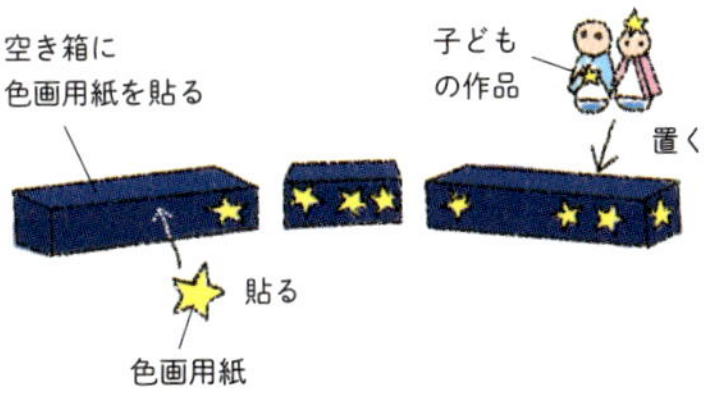
空き箱に
色画用紙を貼る
子ども
の作品
置く
貼る
色画用紙

2 歳児
Summer

親指を鼻に見立てて

手形でぞうさん

型紙 P90

親指の位置を考えながら形を作り、手形を押します。
クレヨンで、草原も描きましょう。

子どもの製作

かわいい手形がぞうさんに！

「草を描くよ。草はなに色かな？」などと声をかけ、クレヨンの色を選んでもよいでしょう。

材料

画用紙、色画用紙、丸シール

準備する物

スタンプ台（スポンジに絵の具を染み込ませる）、クレヨン、はさみ、ペン、のり、新聞紙（汚れ防止用）

子どもがすること

1 手形を押す

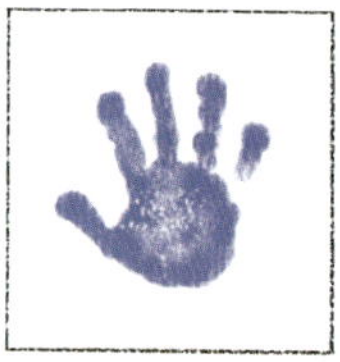

4本の指をそろえて、親指だけ離すように手の形を作り、手形を押します。

2 画用紙にクレヨンで描く

画用紙にクレヨンで草を描きます。

飾り
アレンジ

のんびり草原を散歩するイメージで

作品の間に草や木を貼ると一体感が出ます。

保育者がすること

準備

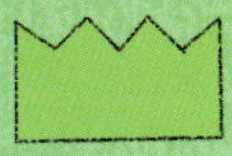

色画用紙で、草を作っておきます。

仕上げ

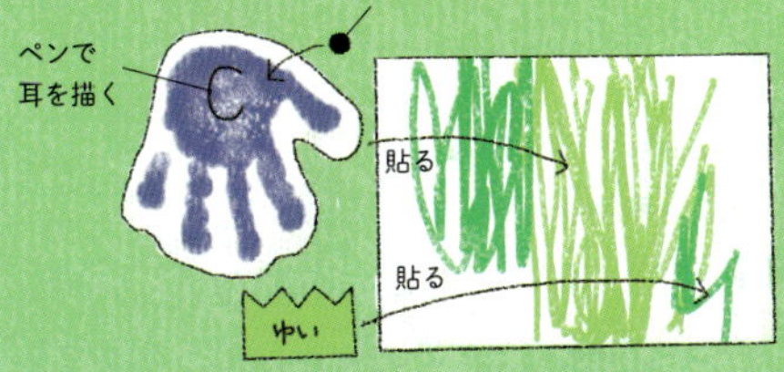

絵の具が乾いたら、周りを切り取り、目（丸シール）を貼って耳を描きます。画用紙の上にぞうと草を貼ります。

子どもの製作

色合いが
あさがおに
ぴったり！

型紙
P91

2歳児

Summer

涼しげな夏の花

染め紙あさがお

丸く切った障子紙を８つに折り、
絵の具で染めてあさがおを作ります。

絵の具につける時間で、白い部分の大きさが変わります。障子紙が染まりすぎないよう、タイミングをみて保育者が声をかけても。

材料

障子紙、色画用紙、画用紙

準備する物

絵の具、絵の具を入れる容器、はさみ、のり、新聞紙（汚れ防止用）

子どもがすること

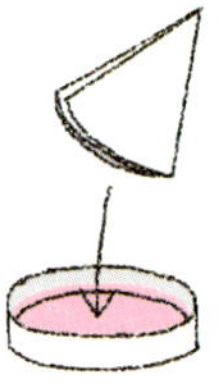

障子紙を染める

障子紙のとがっている方を持って、絵の具につけます。

飾りアレンジ

水滴を加えて爽やかな朝の雰囲気に

植木鉢の大きさは、作品の数に合わせて調整しましょう。

保育者がすること

準備

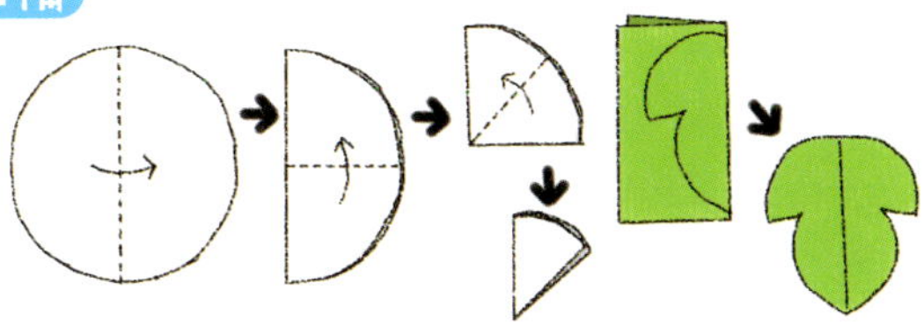

障子紙を丸く切り、8つに折っておきます。何回も楽しめるよう、多めに用意しましょう。色画用紙で葉を作っておきます。絵の具は容器に入れ、水の量を調整しておきます。

仕上げ

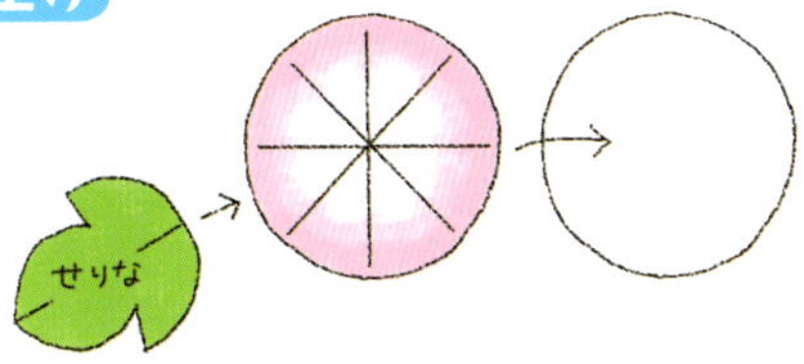

広げておいた障子紙が乾いたら、丸く切った画用紙に貼って、葉を貼ります。

2 歳児
Autumn

落ち葉集めも楽しい！

落ち葉のおしゃれ冠

型紙
P92

冠をかぶって散歩に行き、公園などで
落ち葉を拾いながら貼っても。

子どもの
製作

かぶると
ウキウキ
気分♪

台紙からはみ出さないように貼ったり、豪快にたくさん貼ったりと落ち葉の選び方や貼り方に個性が出ます。

材料

落ち葉、色画用紙、輪ゴム、ビニールテープ、丸シール

準備する物

両面テープ、セロハンテープ、のり、はさみ、ホッチキス

子どもがすること

落ち葉を貼る

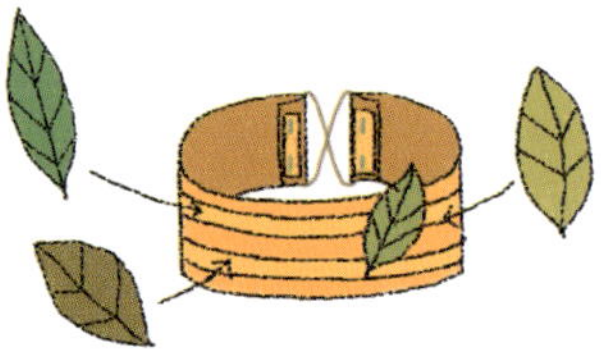

両面テープを貼った冠に落ち葉を自由に貼ります。

飾り
アレンジ

秋の妖精と一緒に かわいらしく

そら
せいや
こゆき
ひかる
くるみ

円すい状にした色画用紙で妖精を作ります。顔は子どもが描いてもよいでしょう。

保育者がすること

準備

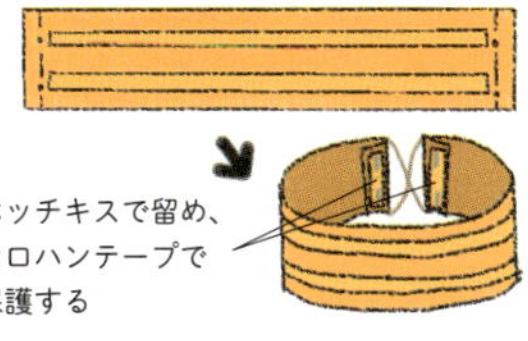
ホッチキスで留め、
セロハンテープで
保護する

帯状に切った色画用紙に両面テープを貼ります。両端を少し折って輪ゴムを通して留め、冠を作っておきます。

仕上げ

落ち葉がはがれそうな部分は補強しておきます。

飾りアレンジの作り方

色画用紙で作る
丸シール
色画用紙を
円すい状にする
貼る
子どもの作品を
かぶせる
ビニールテープ
を貼る

2 歳児
Autumn

型紙
P92

つぶさないように貼れるかな？

輪にしてペタペタひつじ

細長く切った画用紙を輪にするように貼り、
ひつじの毛を表現します。

子どもの
製作

モコモコ感が
かわいい！

飾り
アレンジ

端は片方ずつ分けて貼るの
が成功のポイント。
難しい場合は保育者がサ
ポートしましょう。

材料

画用紙、色画用紙

準備する物

のり、はさみ、ペン、新聞紙（汚れ防止用）

柵や草をプラスして 牧場の雰囲気に

作品の数や色に合わせて、柵や草の位置を調整しましょう。

子どもがすること

輪にするように画用紙を貼る

細長く切った画用紙の端にのりを塗って片側を貼り、反対側の端を重ねて輪にするように貼ります。

保育者がすること

準備

色画用紙で体、顔、足、ベルを作っておきます。

仕上げ

のりが乾いたら、顔、足、ベルを貼ります。

2 歳児
Autumn

型紙 P93

ダイナミックに楽しみたい！

フィンガーペインティングきのこ

フィンガーペインティングをした画用紙をきのこのかさに。
大きな紙にみんなで描いて作ってもよいでしょう。

子どもの製作

個性豊かなきのこに！

絵の具の感触や色が混ざる様子が楽しいポイント。絵の具は混ぜても濁らない色を選んで用意しておきましょう。

材料

色画用紙、画用紙

準備する物

絵の具、のり、はさみ、新聞紙（汚れ防止用）

子どもがすること

フィンガーペインティングをする

絵の具を指に付けて、自由に画用紙に描きます。

飾りアレンジ

森の広場のような ほのぼのとしたイメージで

きのこの軸の色をカラフルにすると、にぎやかな雰囲気になります。

保育者がすること

準備

色画用紙できのこの軸を作っておきます。

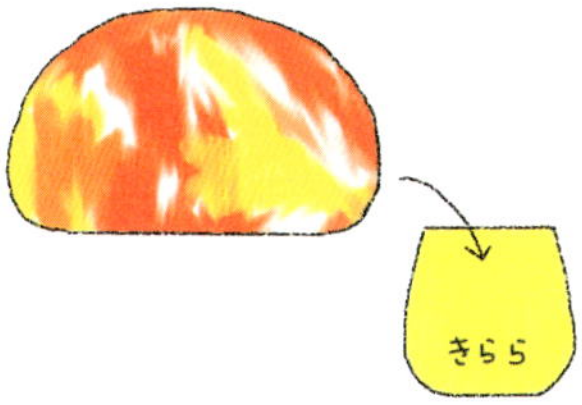

仕上げ

絵の具が乾いたら、きのこのかさの形に切り取って、軸に貼ります。

2 歳児
Autumn

型紙
P93

作品展やプレゼントにぴったり！

お花紙コラージュの花瓶

空き瓶に軽量紙粘土を付け、ちぎったお花紙を貼って作ります。
実際に使えるのもうれしいポイント。

子どもの製作

お花紙の模様がおしゃれ！

のりを使わなくても、軽量紙粘土の水分で簡単にお花紙がくっつきます。

材料

お花紙、軽量紙粘土、空き瓶、段ボール板、空き箱、色画用紙

準備する物

空き箱、はけ、ピンキングばさみ、木工用ニス、のり、新聞紙（汚れ防止用）

子どもがすること

1 お花紙をちぎる

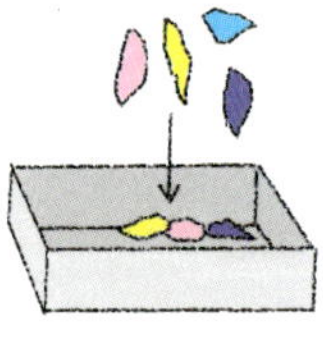

お花紙はちぎって空き箱に入れます。

2 空き瓶に軽量紙粘土を付け、お花紙を貼る

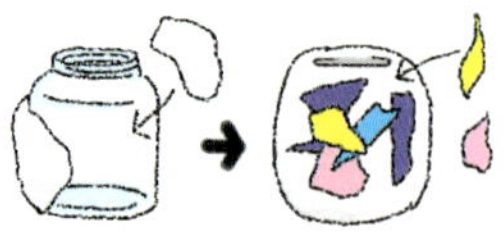

空き瓶を包むように、平らに伸ばしながら軽量紙粘土を付けます。乾く前に、ちぎったお花紙を貼ります。

高さを変えて全体が見やすい配置に。草花を生けて飾るとすてき！

飾りアレンジ

空き箱を利用して段差を作ります。実際に草花を生けて飾ると、作品が引き立ちます。

保育者がすること

仕上げ

軽量紙粘土が乾いたら、お花紙がはがれないよう木工用ニスを塗り、風通しのよい場所で乾燥させます。

飾りアレンジの作り方

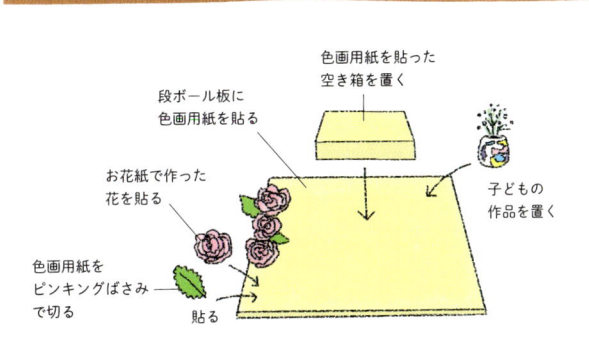

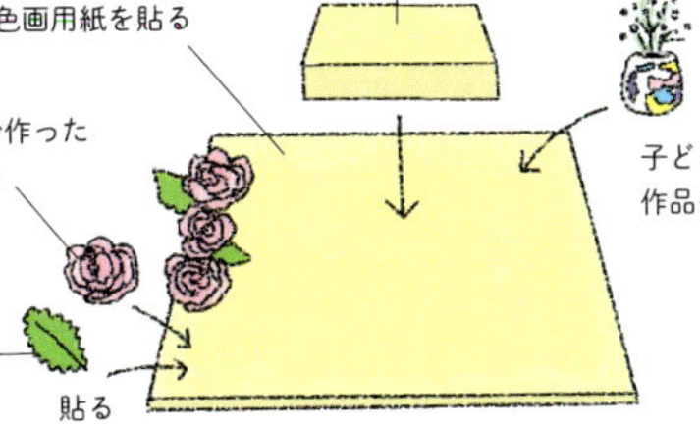

色画用紙を貼った
空き箱を置く
段ボール板に
色画用紙を貼る
お花紙で作った
花を貼る
子どもの
作品を置く
色画用紙を
ピンキングばさみ
で切る
貼る

2 歳児
Winter

リバーシブルがうれしい
塗り&ペタ動物フリスビー

型紙
P94

紙皿に目や耳などを貼って動物の顔を作ります。
2枚貼り合わせてフリスビーに。

投げて遊べる♪

子どもの製作

紙皿に絵の具で色を塗り、乾いてから目や耳などのパーツを貼ります。

材料

紙皿、色画用紙、丸シール、カラー工作用紙、ひも、キラキラした折り紙

準備する物

絵の具、筆、のり、はさみ、ホッチキス、セロハンテープ、カッターナイフ、新聞紙（汚れ防止用）

子どもがすること

1 紙皿に絵の具を塗る

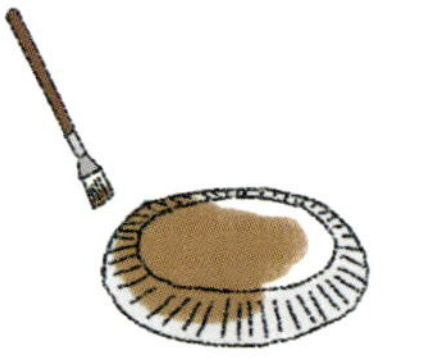

紙皿に筆で絵の具を塗ります。

2 顔のパーツを貼る

絵の具が乾いたら、耳、目、鼻、口、帽子を自由に貼ります。

取り出しやすいタペストリーふうに

飾りアレンジ

まゆ
けんと
かずま
さあや
あやな
ゆうき

カラー工作用紙に切り込みを入れて差し込んで飾ります。取り出しやすく便利。

保育者がすること

準備

色画用紙で耳、目、鼻、口、帽子を作っておきます。

仕上げ

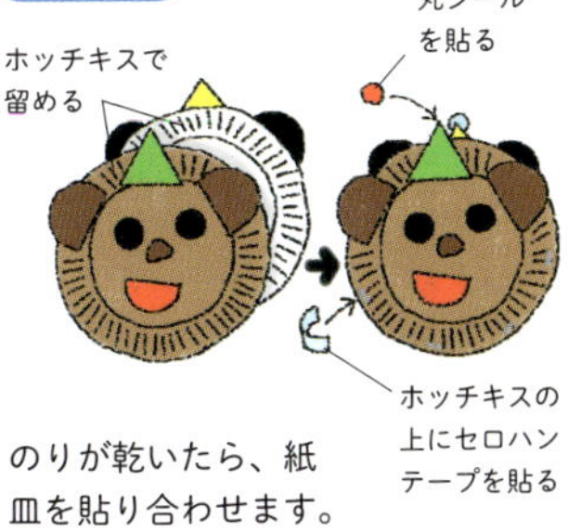
ホッチキスで留める
丸シールを貼る
ホッチキスの上にセロハンテープを貼る

のりが乾いたら、紙皿を貼り合わせます。

飾りアレンジの作り方

ひもを貼る
子どもの作品
差し込む
カラー工作用紙を貼り合わせる
色画用紙を貼る
切り紙
色画用紙で作って貼る
切り込みを入れる

2 歳児

Winter

型紙
P94

型紙 P94

おしゃれでかわいい

ペッタン★クリスマスリース

リング状にした新聞紙に色画用紙と丸シールを貼って作ります。
クリスマスにぴったりの作品です。

子どもの製作

丸シールがアクセント！

色画用紙の上に１つずつ丸シールを貼ります。

材料

新聞紙、色画用紙、丸シール

準備する物

のり、はさみ、セロハンテープ、空き箱、新聞紙（汚れ防止用）

子どもがすること

1 色画用紙を貼る

三角に切った色画用紙にのりを塗り、リースのベースに貼ります。

2 丸シールを貼る

丸シールを貼ります。

飾り アレンジ

クリスマスモチーフを あしらってにぎやかに♪

星の大きさに変化をつけると、楽しくて元気な雰囲気になります。

保育者がすること

準備

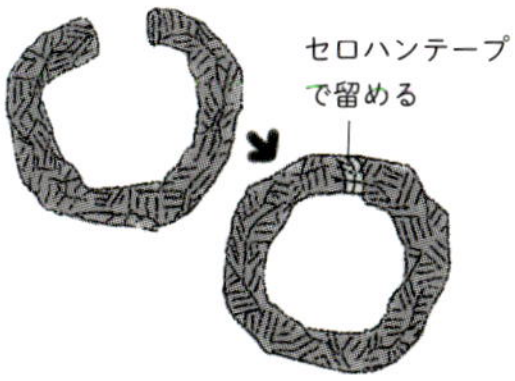

ねじった新聞紙を丸めてリング状にし、リースのベースを作っておきます。

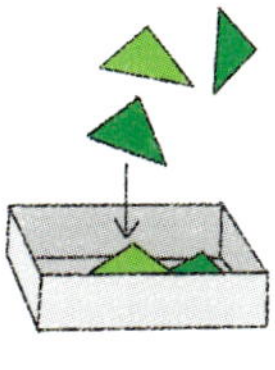

色画用紙を三角に切って空き箱に入れておきます。

色画用紙でリボンを作っておきます。

仕上げ

色画用紙がはがれそうな部分を補強します。リースにリボンを貼ります。

2 歳児
Winter

型紙 P95

お正月が待ち遠しくなる！

綿ロープスタンプの獅子舞

綿ロープのスタンプで獅子舞の模様を作ります。

うずまき模様がポイント！

子どもの製作

綿ロープの模様をきれいに出すにはスタンプを「ぐっと押して離す」のがポイント。初めに保育者が見本を見せましょう。

材料

色画用紙、画用紙

準備する物

綿ロープスタンプ（綿ロープ、段ボール板、トイレットペーパーの芯で作る）、スタンプ台（スポンジに絵の具を染み込ませる）、木工用接着剤、のり、はさみ、ペン、新聞紙（汚れ防止用）

子どもがすること

綿ロープスタンプを押す

色画用紙に綿ロープスタンプを押します。

飾り
アレンジ

おめでたいモチーフで縁起よく

もも
すばる
えりな
そら
しゅんた
おおね
あい

松竹梅や門松などを貼って、お正月らしくにぎにぎしい雰囲気に。

保育者がすること

準備

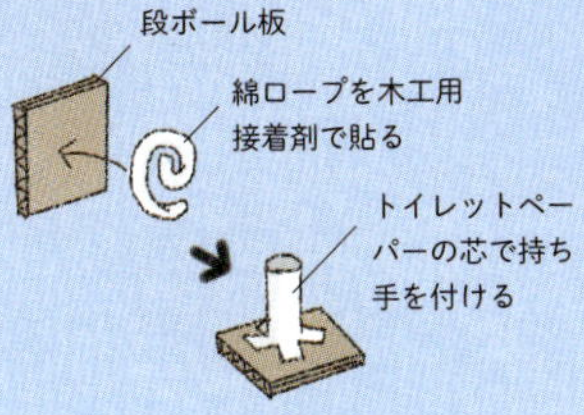
段ボール板
綿ロープを木工用
接着剤で貼る
トイレットペー
パーの芯で持ち
手を付ける

綿ロープスタンプを作ります。

ペンで描く

色画用紙で顔、足を作っておきます。

仕上げ

しゅんた

スタンプの絵の具が乾いたら、体の形に切り取って、顔や足を貼ります。

2 歳児

Winter

型紙
P95

いよいよはさみに挑戦！

チョキン&ペタ柄パンツのおにさん

折り紙をはさみで切って色画用紙に貼り、おにのパンツを作ります。

節分の時期に

子どもの製作

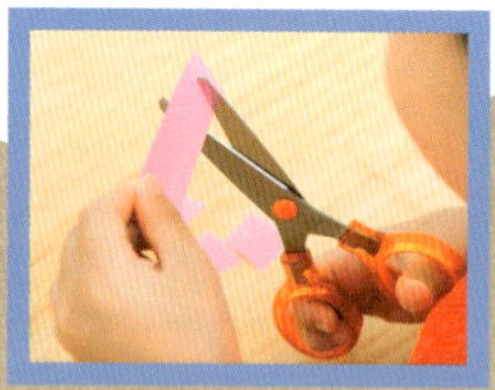

はさみを使うときは保育者が目を離さないようにしましょう。

材料

色画用紙、折り紙、毛糸

準備する物

はさみ、のり、クレヨン、空き箱、段ボール板、新聞紙（汚れ防止用）

子どもがすること

1 折り紙を切って貼る

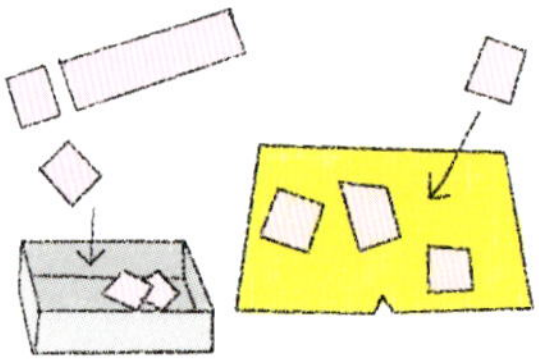

折り紙をはさみで一回切りし、空き箱に入れます。色画用紙に、切った折り紙を貼ります。

2 クレヨンで描く

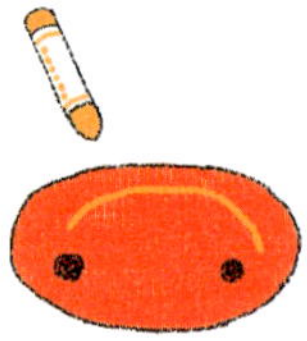

顔形の色画用紙に、クレヨンで顔を描きます。

飾り
アレンジ

元気な“おにが島”を イメージ

おにの形の家を貼って“おにが島”らしく。こわくなりすぎないように星を貼り、明るさもプラス。

保育者がすること

準備

折り紙は、縦６等分に切っておきます。

色画用紙で、パンツ、顔、体、金棒、角を作っておきます。

仕上げ

顔、角、パンツ、体を貼り、おにを作ります。

頭に毛糸で髪の毛を、手に金棒を貼ります。

コピー用型紙

型紙 P00 がついている製作物の型紙コーナーです。必要な大きさに拡大コピーをしてご利用ください。

型紙の使い方

❶作りたい作品の大きさに合わせて拡大コピーをします。

作りたい大きさを決めたら、型紙ページのパーツの左右幅を計ります。
「作りたい大きさの左右幅」÷「型紙ページのパーツの左右幅」＝拡大率

【例】ちょうちょう①を左右幅 5cm の大きさで作りたい場合
5（作りたい大きさの左右幅）÷ 2.5（型紙ページのパーツの左右幅）= 2
2 倍の大きさ = 200% で拡大コピーをします。

❷型紙を色画用紙などに写して切ります。

必要な色ごとに、パーツを分けて型紙を写します。
ボールペンなどで強くなぞって跡を付けるようにするときれいにできます。
重ねたときに下になるパーツには、のりしろ分を付け足すようにして色画用紙を切りましょう。

0・1歳児

→ P14 手形でチューリップ

ちょうちょう①

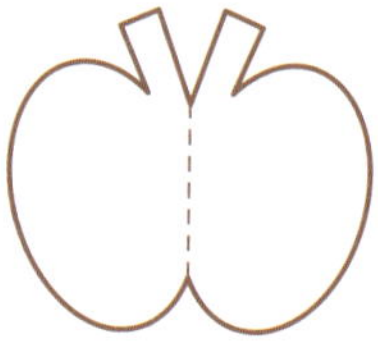

ちょうちょう②

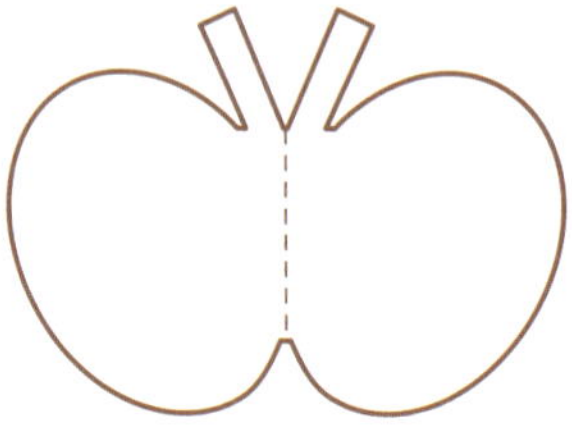

------- 谷折り

動線

※ちょうちょう②は、他のパーツの200%に拡大コピーをしてください。

葉

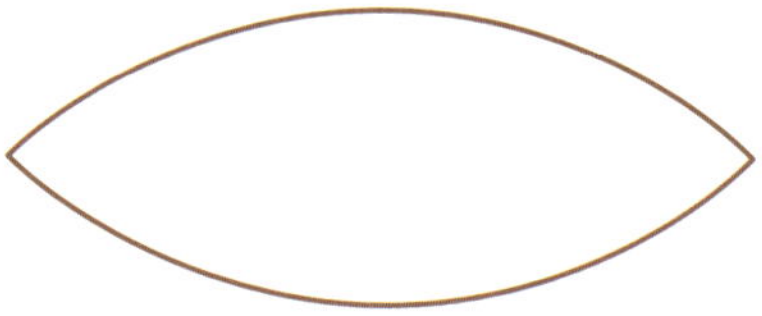

茎

→ P16 スポンジスタンプこいのぼり

こいのぼり

小鳥

草

うさぎの家

うさぎ

このメッセージが見えるまで開くときれいにコピーすることができます。

このメッセージが見えるまで開くときれいにコピーすることができます。

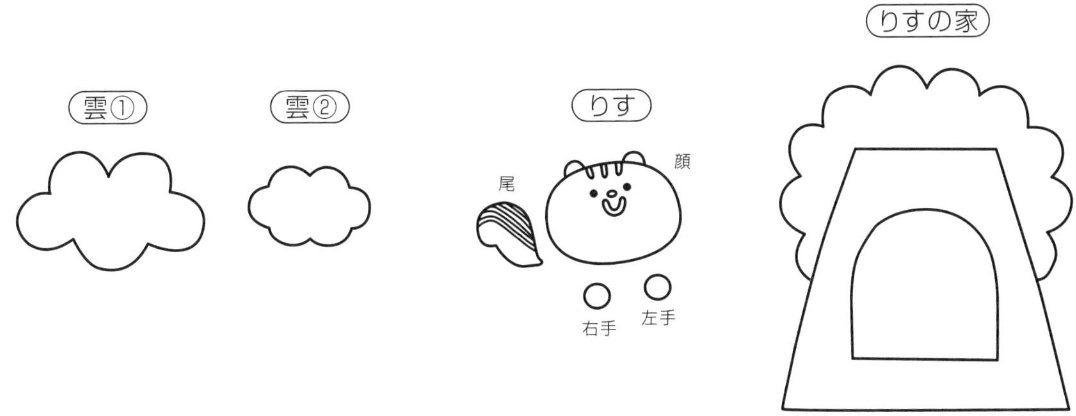

雲①
雲②
りす
尾
顔
右手
左手
りすの家

P18　手形のお散歩ひよこ

木
雲
草
花
ひよこ
※大きい木は、
他のパーツの200%に
拡大コピーをしてください。
山折り
のりしろ
くちばし
目

P20　カラーセロハンのおひなさま

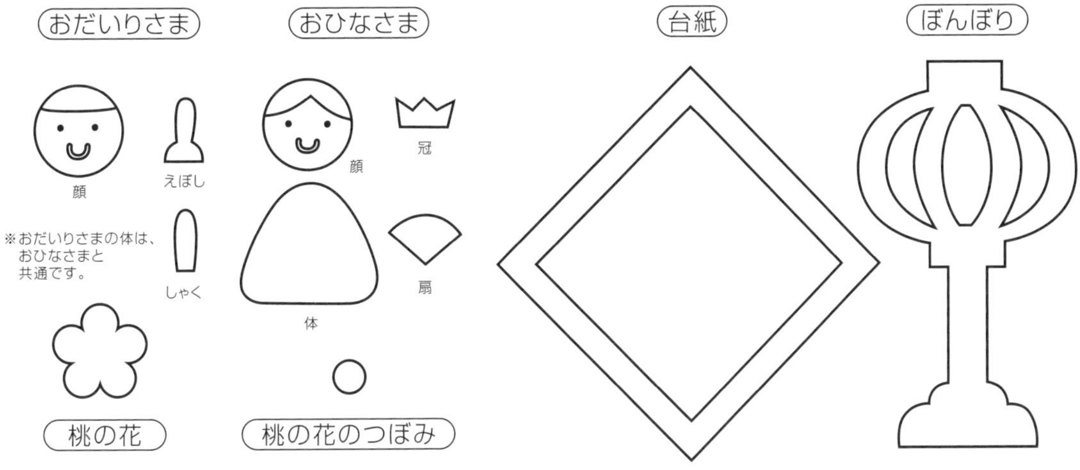

おだいりさま
おひなさま
台紙
ぼんぼり
顔
えぼし
冠
顔
※おだいりさまの体は、
おひなさまと
共通です。
しゃく
扇
体
桃の花
桃の花のつぼみ

P22　シールペタペタ七夕飾り

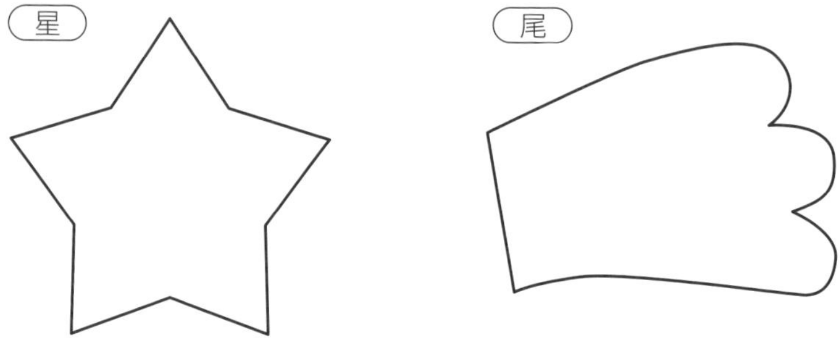

星
尾

P24　貼り紙ドレスのお花の妖精

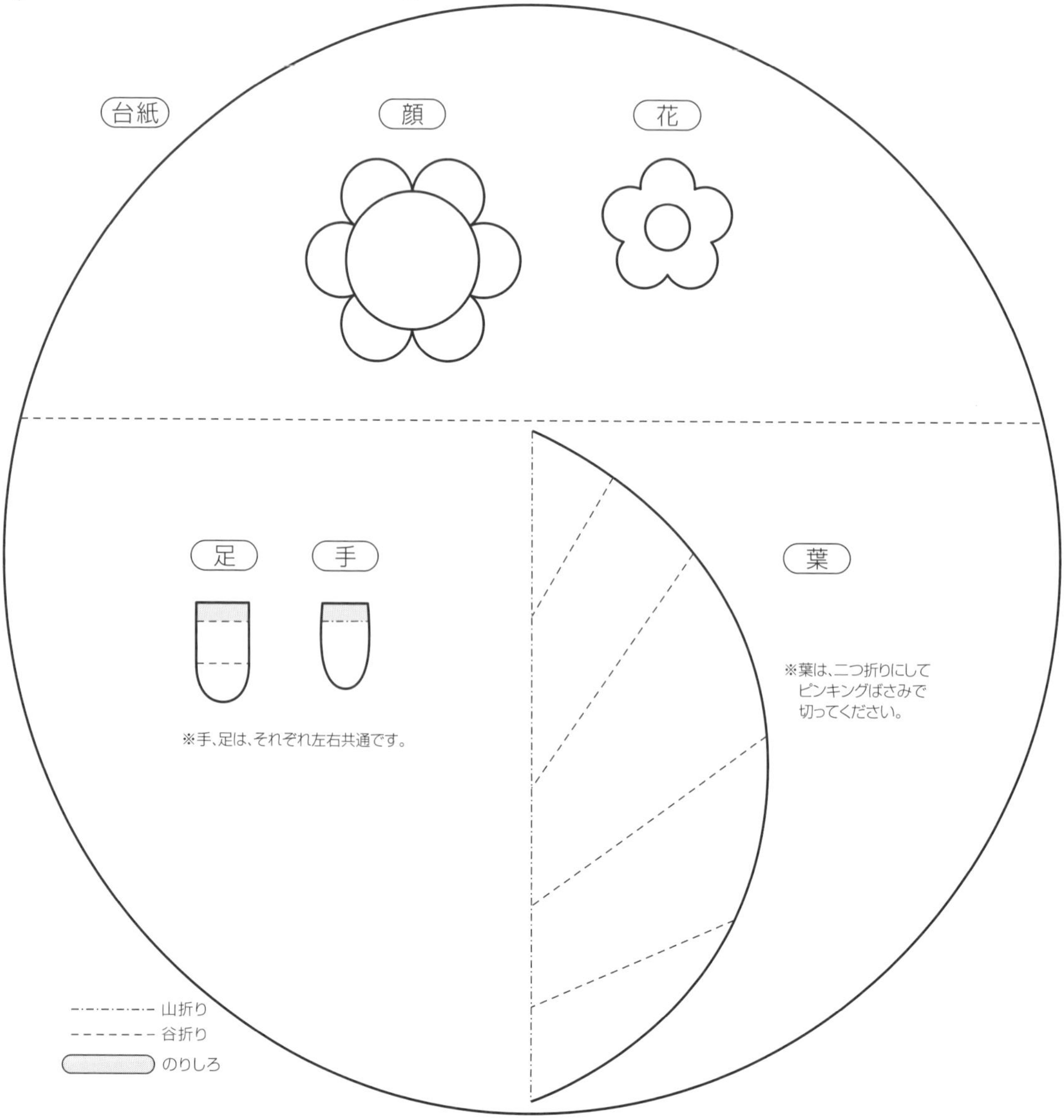

台紙
顔
花
足
手
葉
※手、足は、それぞれ左右共通です。
※葉は、二つ折りにして
ピンキングばさみで
切ってください。
山折り
谷折り
のりしろ

このメッセージが見えるまで開くときれいにコピーすることができます。

P26　野菜スタンプでお魚さん

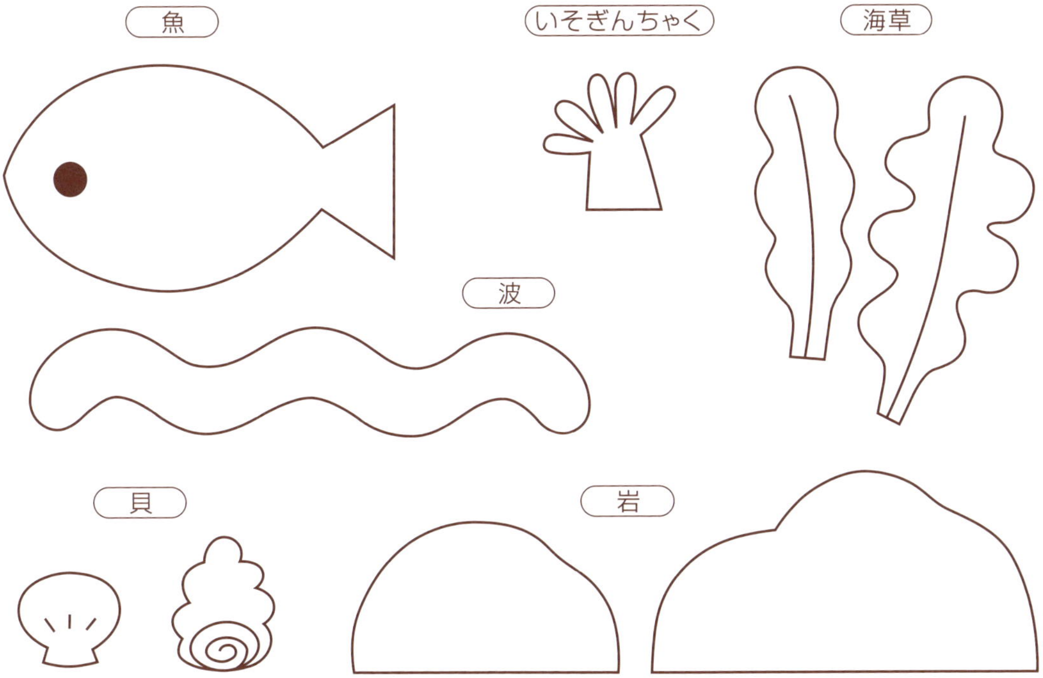
魚
いそぎんちゃく
海草
波
貝
岩

P28　にぎにぎ紙粘土のモビール

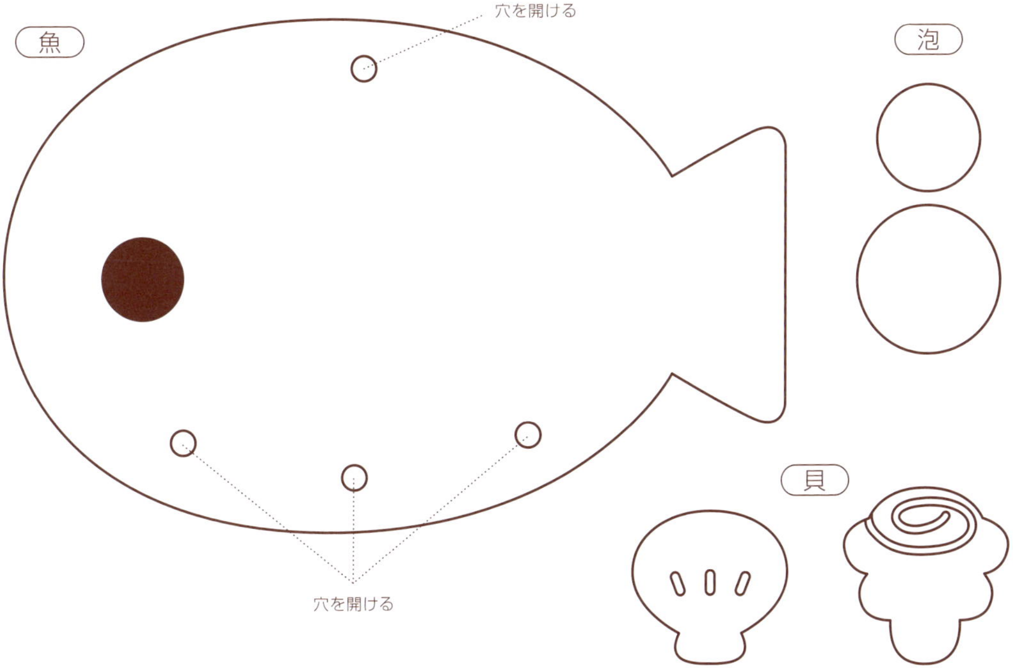
魚
穴を開ける
泡
穴を開ける
貝

このメッセージが見えるまで開くときれいにコピーすることができます。

P30　落ち葉でアニマル

雲
顔
機関車
体
車両
落ち葉
谷折り

P32　たんぽでポンポンぶどう

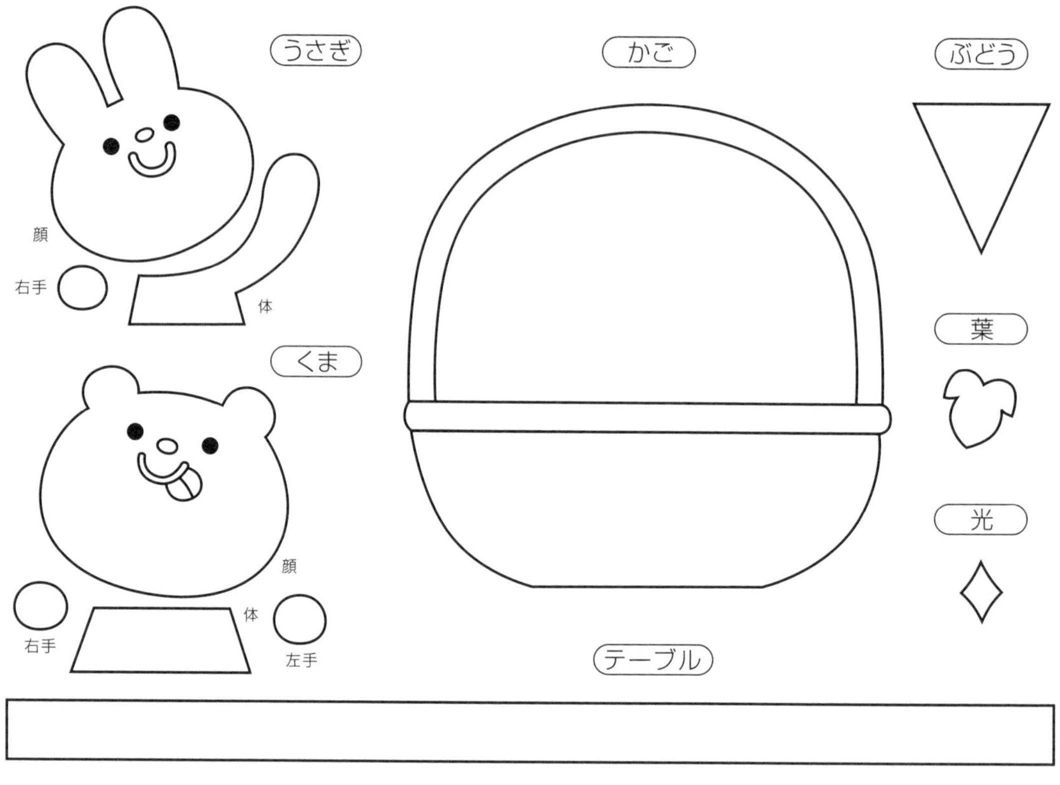
うさぎ
かご
ぶどう
顔
右手
体
くま
葉
光
顔
体
右手
左手
テーブル

このメッセージが見えるまで開くときれいにコピーすることができます。

P34　どんぐりマラカス

くま

顔
左手
右手
左足
体
右足

うさぎ

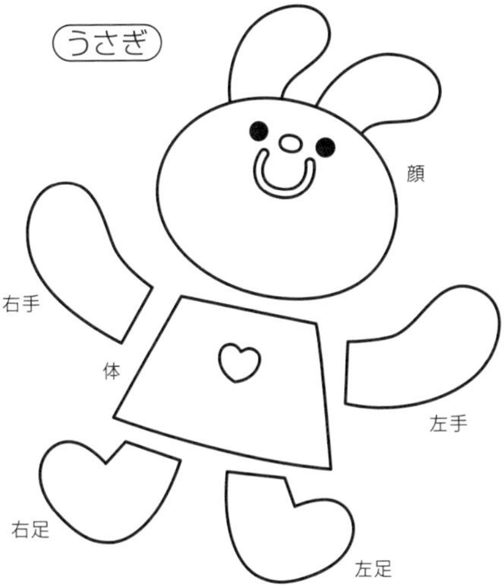

顔
右手
体
左手
右足
左足

音符

P36　毛糸でふかふかみのむし

ベース

葉

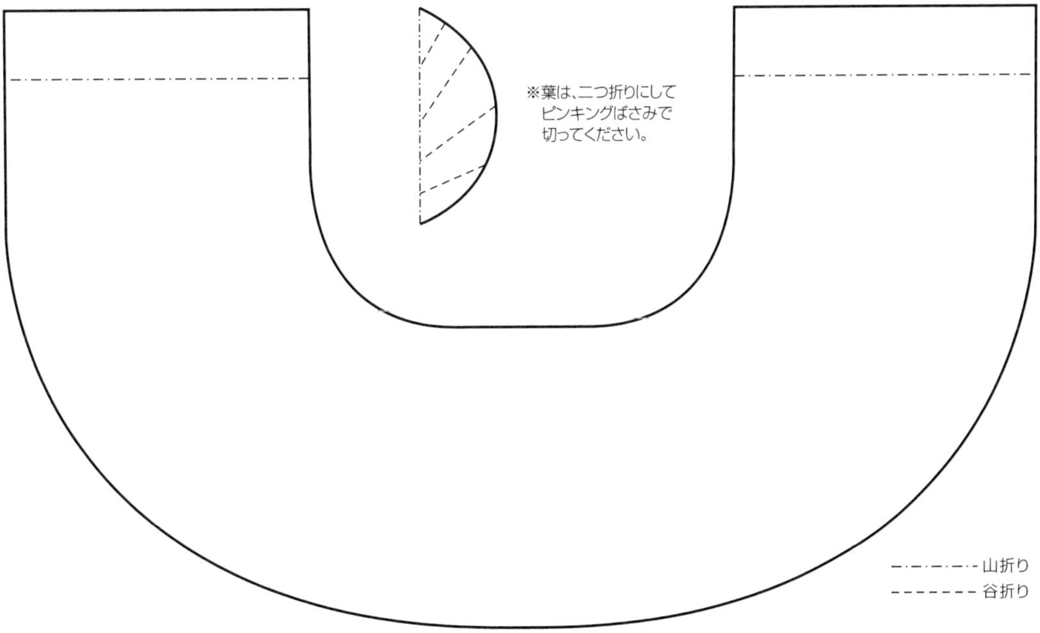

※葉は、二つ折りにして
ピンキングばさみで
切ってください。
山折り
谷折り

このメッセージが見えるまで開くときれいにコピーすることができます。

P38　足形のトナカイ

P40　毛糸ペタペタ飾りだこ

このメッセージが見えるまで開くときれいにコピーすることができます。

このメッセージが見えるまで開くときれいにコピーすることができます。

P42　指スタンプでポンポン雪

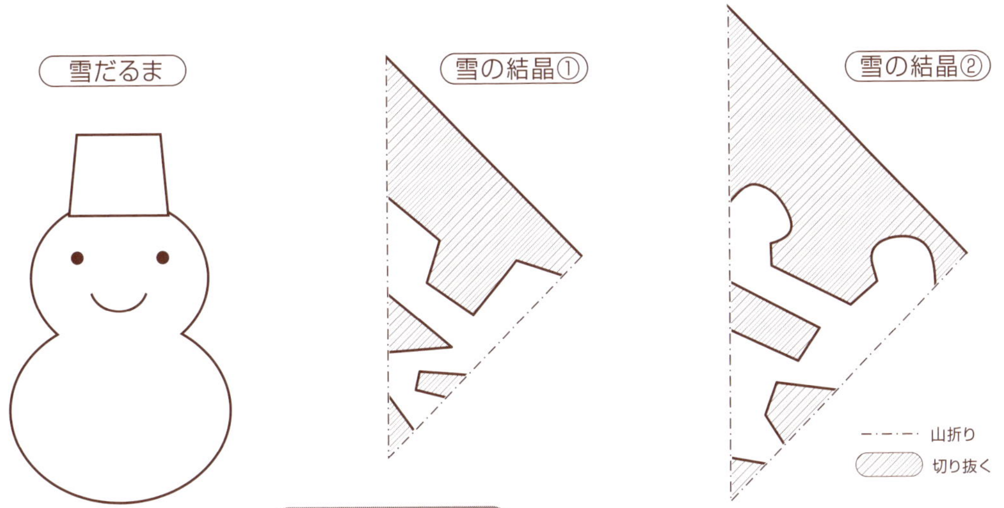
雪だるま
雪の結晶①
雪の結晶②
山折り
切り抜く

雪

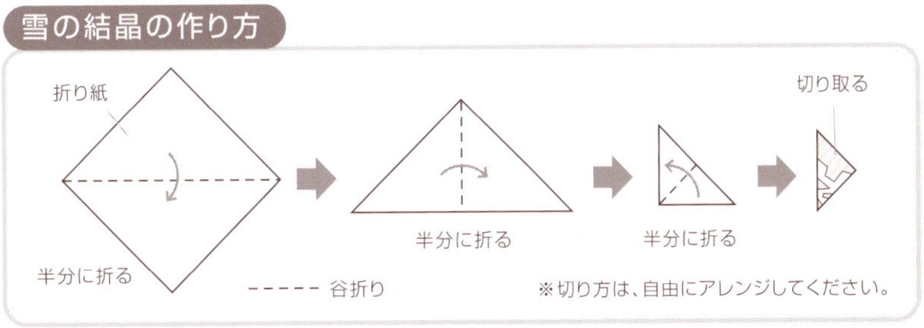
雪の結晶の作り方
折り紙
半分に折る
半分に折る
半分に折る
切り取る
谷折り
※切り方は、自由にアレンジしてください。

P44　クレヨン描きで帽子＆手袋

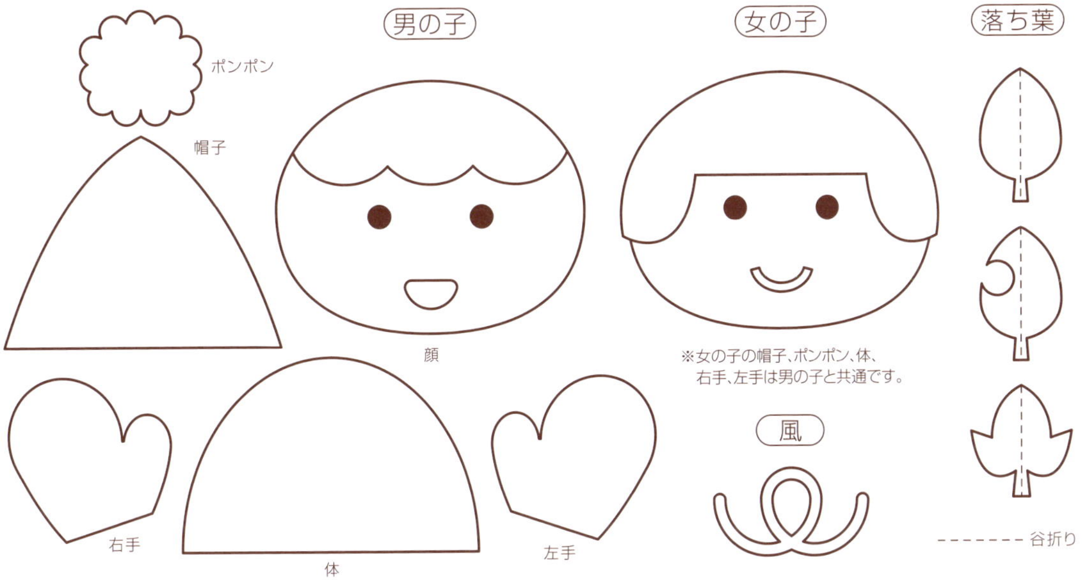
ポンポン
帽子
男の子
顔
女の子
※女の子の帽子、ポンポン、体、
右手、左手は男の子と共通です。
落ち葉
右手
体
左手
風
谷折り

2 歳児

P48 折り紙ペタペタいちご

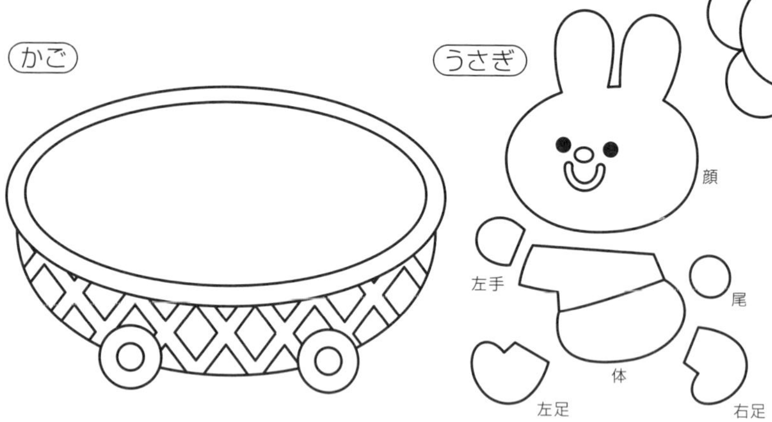

かご
うさぎ
顔
左手
尾
体
左足
右足

花
いちご
へた
実

※かごとうさぎは、他のパーツの200%に拡大コピーをしてください。

P50 デカルコマニーこいのぼり

木②
木①
こいのぼり
雲
谷折り
くま
顔
右手
左手
体
草
ねずみ
顔
右手
左手
体

このメッセージが見えるまで開くときれいにコピーすることができます。

P52 ティッシュアートのおひなさま

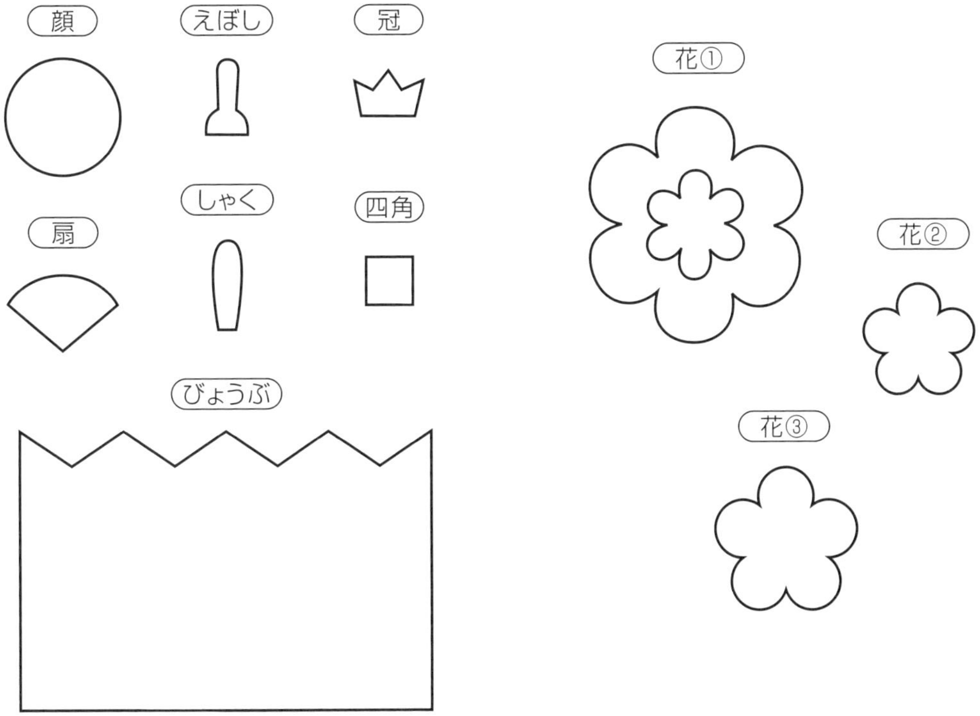
顔
えぼし
冠
扇
しゃく
四角
びょうぶ
花①
花②
花③

P54 折り紙で春の花束

花束の持ち手
手押し車
うさぎ
顔
左手
体
右足
左足
リボン
草
雲
家
音符

このメッセージが見えるまで開くときれいにコピーすることができます。

P56　ちぎり貼りのかたつむり

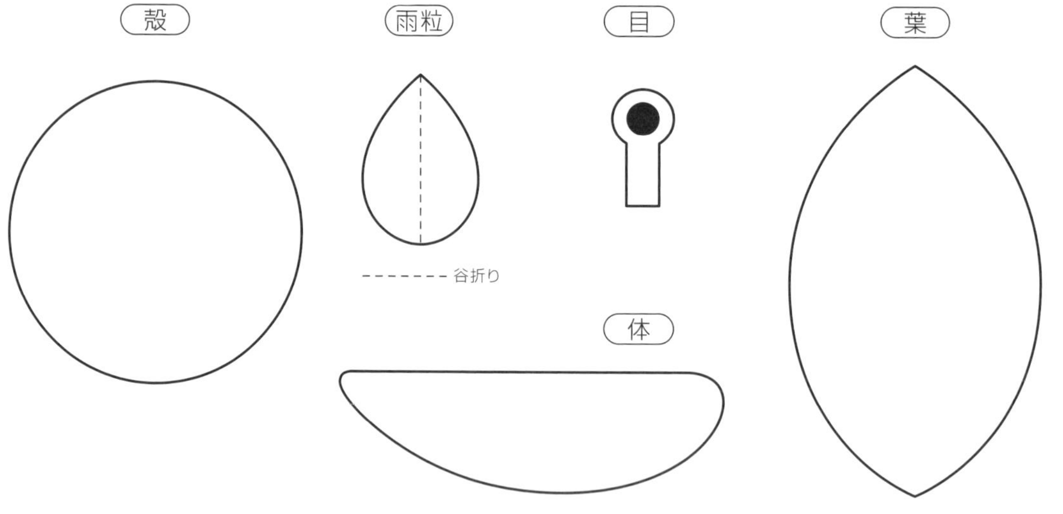

※反対向きの体は、反転コピーをしてください。

※葉は、ピンキングばさみで切ってください。

P58　クレヨン着物の織姫＆彦星

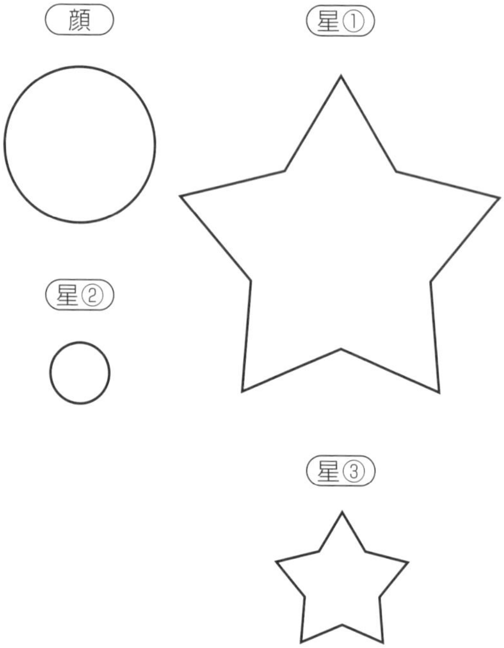

P60　手形でぞうさん

このメッセージが見えるまで開くときれいにコピーすることができます。

P62 染め紙あさがお

植木鉢

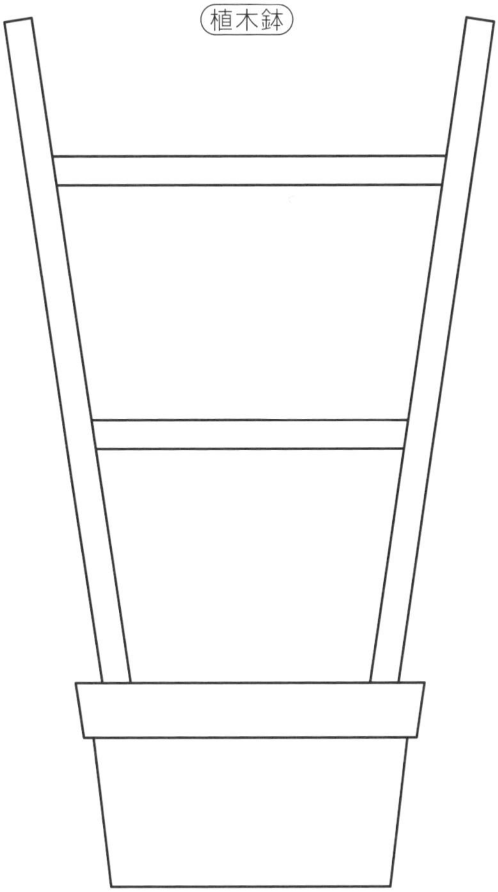

あさがお

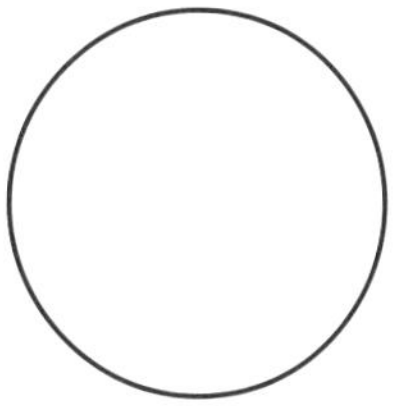

葉

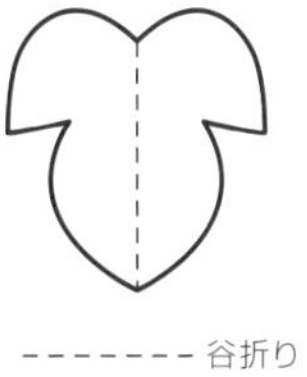

光

水滴

うさぎ

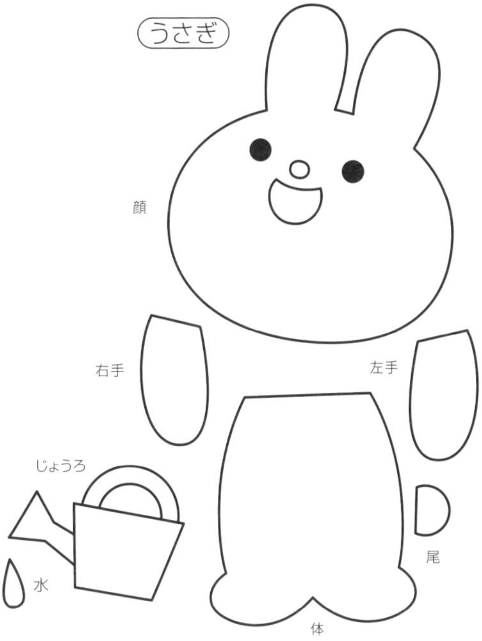

りす

このメッセージが見えるまで開くときれいにコピーすることができます。

P64　落ち葉のおしゃれ冠

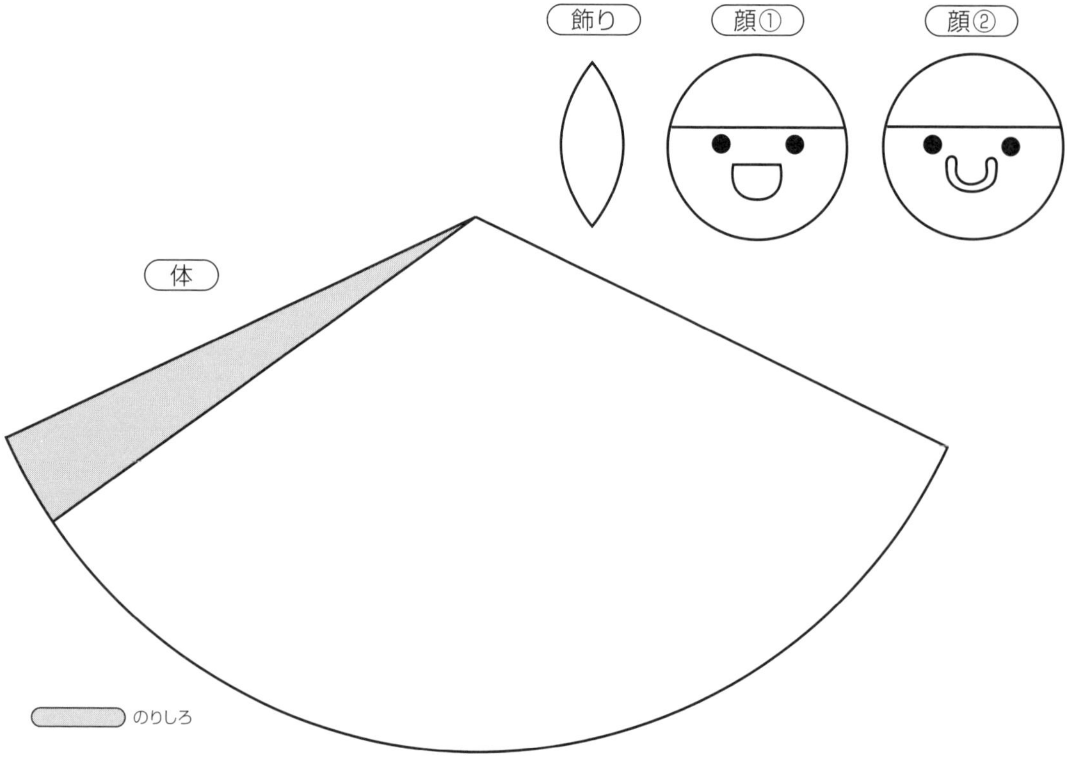

P66　輪にしてペタペタひつじ

このメッセージが見えるまで開くときれいにコピーすることができます。

P68　フィンガーペインティングきのこ

P70　お花紙コラージュの花瓶

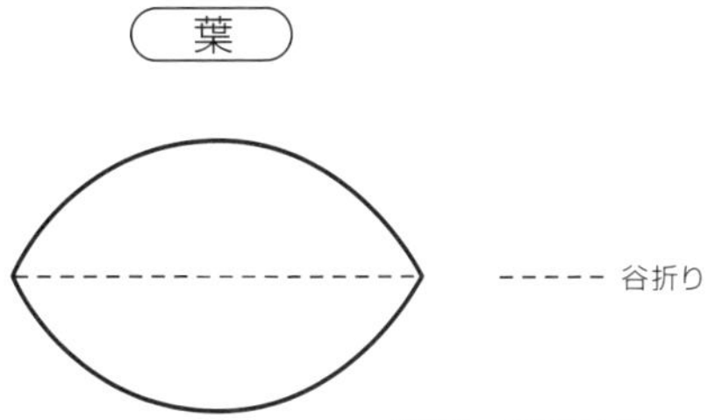

※葉は、ピンキング
ばさみで切ってください。

P72　塗り＆ペタ動物フリスビー

フリスビーのパーツ

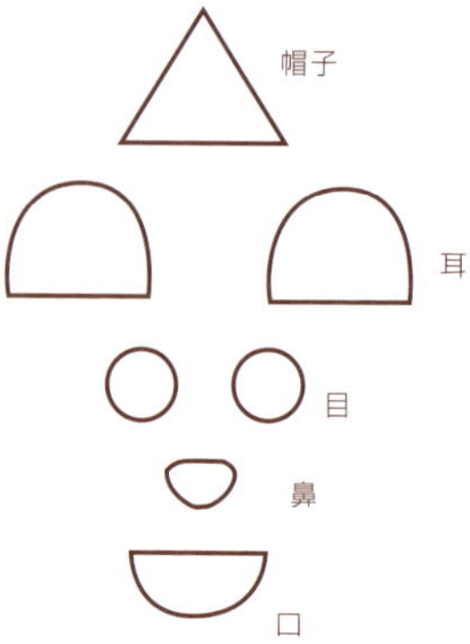

手袋

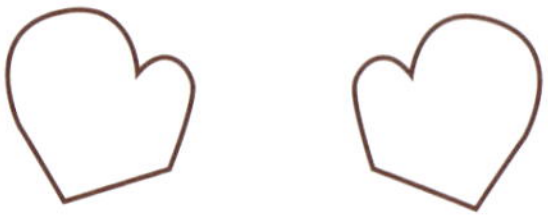

うさぎ

小鳥

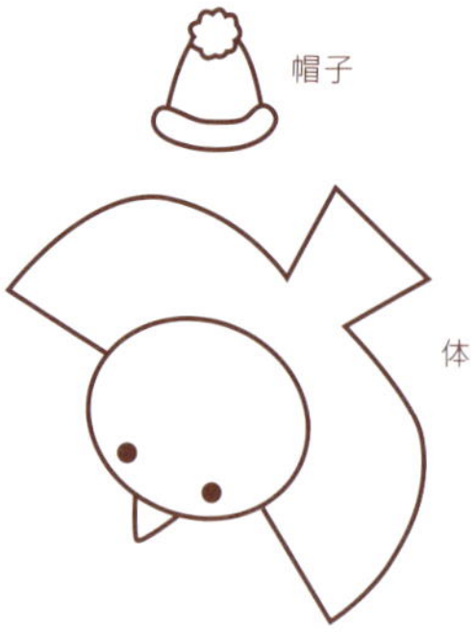

P74　ペッタン★クリスマスリース

星

三角

リボン

トナカイ

キャンドル

サンタクロース

ベル

ツリー

このメッセージが見えるまで開くときれいにコピーすることができます。

P76　綿ロープスタンプの獅子舞

獅子舞

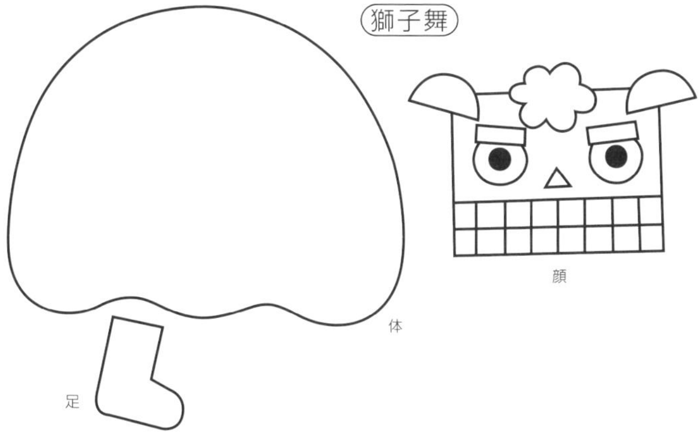

門松

※門松の松の部分は、ピンキングばさみで切ってください。

松

竹

梅

P78　チョキン＆ペタ柄パンツのおにさん

おに

星

おにの家

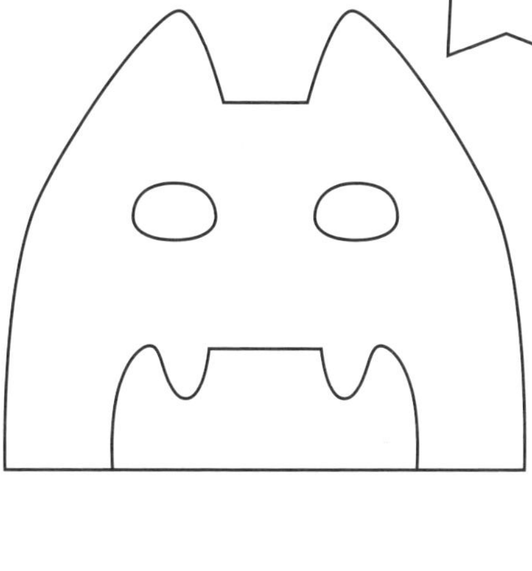

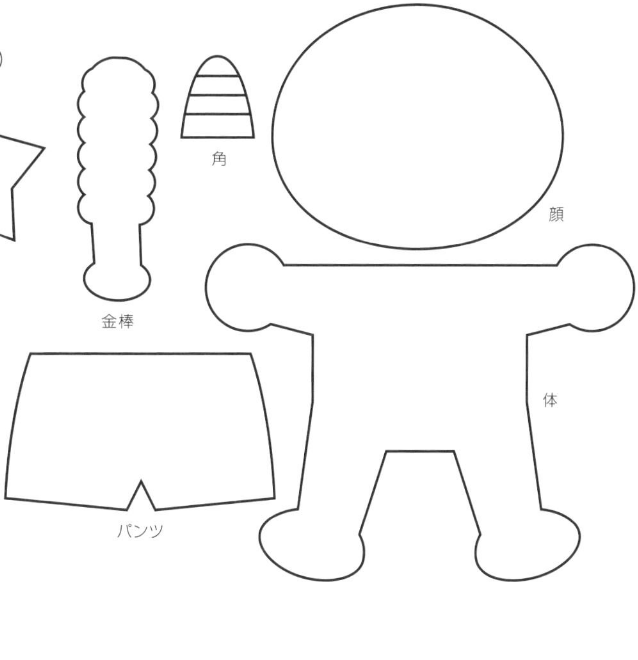

このメッセージが見えるまで開くときれいにコピーすることができます。

ポットブックス
0・1・2歳児のかわいい製作
はる なつ あき ふゆ

2014年2月　初版第1刷発行
2016年2月　　　第3刷発行

著　者　くりのみクラブ
発行人　浅香俊二
発行所　株式会社チャイルド本社
〒112-8512　東京都文京区小石川5-24-21
電　話　03-3813-2141（営業）
03-3813-9445（編集）
振　替　00100-4-38410
印刷・製本　共同印刷株式会社

STAFF
ブックデザイン　野島禎三（ユカデザイン）
撮影　林 均　小山志麻（office 北北西）
本文イラスト　おおしだいちこ
型紙トレース　嶋岡誠一郎（プレーンワークス）
株式会社奏クリエイト　おおしだいちこ
モデル協力　有限会社クレヨン
本文校正　有限会社くすのき舎
編集協力　おおしだいちこ
編集　石山哲郎　井上淳子

著者紹介　くりのみクラブ

江成玲子を代表とするグループ。神奈川県座間市内で0・1・2歳児の造形に取り組んでいる。「子どもの育ちを大切にし、身近な素材で無理なく」がモットー。

製作・飾り案　　町田里美

ISBN　978-4-8054-0221-4
NDC376　24 × 19cm　96P